LE VILLAGE CONTRE LA MULTINATIONALE

DAVID BREGER
ARNAUD SVRCEK

LE VILLAGE CONTRE LA MULTINATIONALE

Éditions du Seuil
*57 rue Gaston-Tessier, Paris XIXe*

ISBN 978-2-02-150491-0

www.seuil.com

Novembre 2019. Sur une petite route de campagne danoise entre Kalundborg, à l'extrême est du pays, et Copenhague, une femme marche sous la pluie. En l'observant, on remarque les deux béquilles qui la soutiennent et sa jambe droite amputée. Son handicap n'affecte ni sa détermination ni la régularité de son allure.

Tracy Danzey, une infirmière américaine de 39 ans, a traversé l'Atlantique pour entamer une marche éprouvante de plus de 100 kilomètres en protestation contre Rockwool. La multinationale danoise, premier fabricant au monde d'isolant en laine de roche, prévoit la construction de sa 47e usine à Ranson, petite ville de 5 000 habitants dans le comté de Jefferson, en Virginie-Occidentale.

La jeune femme a grandi à Parkesburg, là même où a éclaté le scandale de l'usine DuPont, accusée d'avoir pollué les eaux locales avec du C8, l'acide perfluorooctanoïque, un produit chimique cancérigène. Dans sa jeunesse, Tracy, passionnée de natation, se baignait quotidiennement dans les rivières des environs.

À l'âge de 20 ans, les médecins lui diagnostiquent un dysfonctionnement thyroïdien, puis à 25 ans, une rare forme de cancer des os. Le taux élevé de cancers atypiques dans la région laisse fortement supposer un lien direct avec la pollution des eaux. Pour Tracey, la seule chance de survivre sera l'amputation de sa hanche et de sa jambe droite.

Après l'opération, l'infirmière se mue en activiste. Quand elle apprend que Rockwool prévoit d'installer sa nouvelle usine à Ranson sur le terrain d'un verger et juste en face d'une école primaire, elle se lance dans la bataille. Cette usine, depuis ses cheminées de 60 mètres de haut, est autorisée à rejeter plus de 2 000[1] tonnes de polluants par an et à émettre 153 000 tonnes de CO_2.

À Ranson, l'arrivée de Rockwool est d'abord gardée secrète. Sous le nom mystérieux de « Operation Shuttle », des négociations sont menées avec les autorités locales, enthousiastes. Les opposants tentent de convaincre les responsables politiques locaux, le comté de Jefferson, en manifestant, en multipliant courriers, recours juridiques et actions. Leur lutte ne leur laisse aucun répit : des manifestants pacifiques sont arrêtés, et Rockwool finit par menacer le comté de Jefferson de réclamer 100 millions de dollars en dommages et intérêts si l'administration cède aux protestations des anti.

Face aux moyens de pression de la multinationale, l'action des militants n'a malheureusement pas pu empêcher l'usine de se bâtir et les cheminées de fumer. En juillet 2021, Rockwool annonce fièrement dans un communiqué la commercialisation des premières palettes d'isolant. Alors que les camions chargés de laine de roche quittent l'usine, reste aux riverains un sentiment amer : celui de n'avoir pas été écoutés, entendus sur leur propre territoire.

Cette histoire, pour nous, habitants du Soissonnais, est tristement familière. Comme la Virginie-Occidentale, qui

1. Chiffres issus du permis d'émission accordé par le West Viginia Department of Environmental Protection, le 30 avril 2018.

alimentait le pays en charbon, le Soissonnais est fier de son passé industriel. Et comme aux États-Unis, les responsables politiques locaux déroulent le tapis rouge à la multinationale. Dans ces régions éprouvées par la désindustrialisation et le chômage, la nostalgie et la promesse de quelques emplois suffisent à convaincre. Sans compter le *greenwashing* que Rockwool sait parfaitement manier. Car l'isolation est aujourd'hui un enjeu mondial de la lutte contre le changement climatique et l'entreprise surfe dessus. Quand bien même le processus de fabrication de la laine de roche n'a rien d'écologique. Elle s'obtient par la fusion de la roche basaltique dans un four à plus de 1 500 °C. Le processus entraîne de nombreux rejets dans l'air, une consommation d'eau et d'énergie intensive. Et le produit final est très peu recyclable.

Mais ces usines ne sont pas une fatalité et des alternatives écologiques existent. Plutôt que d'artificialiser nos terres, pourquoi ne pas développer une filière de culture du lin ou du chanvre qui serait transformée localement en isolants biosourcés ?

La crise sanitaire et aujourd'hui la guerre en Ukraine ont montré les failles d'une économie dépendante de ses importations et le mot réindustrialisation est dans toutes les bouches, celle du président de la République en premier lieu. Mais quelle réindustrialisation veut-on pour ce monde d'après ? Un retour à une industrie lourde, polluante et consommatrice d'énergie, pâle copie un peu verdie du modèle d'hier ? Une industrie qui crée peu d'emplois et pollue ? Qui s'implante sans que les habitants aient leur mot à dire ?

La transition écologique ne doit pas servir de paravent à des projets qui sacrifient les hommes et les terres sur l'autel du profit. Aujourd'hui, beaucoup de territoires ont, comme dans le Soissonnais, fait savoir leur opposition à des projets de cet ordre. Les résidents d'Illange, en Moselle, ont vu, malgré leurs protestations, sortir de terre une usine de laine de roche. Cette fois ce n'est pas Rockwool, mais son concurrent allemand, Knauf. Une usine, dont le Luxembourg voisin a refusé l'implantation et qui, au XXIe siècle fonctionne encore au charbon, crachant jour et nuit ses rejets toxiques. Une autre société, mais un même produit et les mêmes méthodes, le même mépris de l'avis de la population. En Moselle, la construction de l'usine a commencé avant même la fin de l'enquête publique.

À Soissons, nous faisons face au même mépris de la classe politique, aux mêmes dénis de démocratie. Comme dans ces régions qui ont souffert de la désindustrialisation, les responsables politiques locaux agitent la carotte de l'emploi et n'hésitent pas à en faire un objet de chantage. Pour nous, il ne s'agit pas d'opposer la fin du mois et la fin du monde, mais de prendre les deux en considération. Nous méritons des projets qui permettent de concilier ces enjeux : l'emploi et l'écologie.

Comment ne pas se sentir en colère devant ces « choix » politiques ou économiques qui n'en sont plus vraiment ? Ces projets d'usines sont défendus au nom de l'emploi sans connaissance profonde des dossiers et se font dans le cadre d'un processus d'implantation des projets industriels toujours plus dérégulé pour laisser carte blanche aux porteurs de projet. Le parc d'activité du plateau de Courmelles fait ainsi partie, depuis juillet 2020, d'une liste de sites industriels clés en main, recensés par le gouvernement pour faciliter les démarches, un véritable chèque en blanc aux industriels. Les contrôles diminuent, mais pas le risque. À croire qu'aucune leçon n'a été tirée de l'accident de Lubrizol à Rouen en 2019.

Le choix de Courmelles comme de Ranson ou Illange ne s'est pourtant pas fait par hasard. Il repose sur l'idée que nos anciens territoires ouvriers et industriels seront plus résilients ou plutôt soumis, plus à même d'accepter de troquer à nouveau emploi contre nuisances. Notre région, les Hauts-de-France, est à la fois celle qui connaît le plus fort taux de chômage et qui est classée dernière du pays en matière de transition écologique et de pollution de l'air. Reste à Courmelles un amer sentiment d'abandon et de mépris. Le mépris des industriels et des décideurs pour les citoyens, le mépris des villes pour leurs périphéries, le mépris pour nos terres devenues des territoires sacrifiables.

Ce livre raconte comment nous avons décidé de ne plus nous laisser faire. Et comment un village est entré en résistance contre une multinationale et ceux qui lui déroulent le tapis rouge.

Chapitre 1

Ce 29 mai 2021, la ferme s'est réveillée sous le soleil et j'ai plutôt bien dormi malgré une certaine excitation, un mélange de stress et une envie d'en découdre. Comme un joueur de foot au matin d'un match couperet, comme une rencontre de Coupe de France où le Petit Poucet affronte le champion, David contre Goliath. La manifestation de cet après-midi contre le projet de Rockwool sera une étape décisive dans un combat entamé depuis plusieurs mois.

Le petit déjeuner avec les enfants se passe dans la bonne humeur et l'autodérision autour de la grande table du salon. On aime bien se chambrer dans la famille. Marta, ma compagne, a préparé des gâteaux aux pommes et on passe en revue les futurs slogans de la manif. « Soissons c'est l'Aisne, pas laine de roche » : j'aime bien, c'est mon beau-frère qui a trouvé ça. Il proposait d'en faire des autocollants.

De la fenêtre, on contemple la vallée, verte et touffue. Une petite route sinueuse coule à travers bois et rejoint Courmelles en contrebas, le village de mon enfance et ses 1 870 habitants. Elle longe ses pavillons modernes et ses maisons traditionnelles, reconnaissables à leurs toits à pas de moineau semblables à des escaliers. Un village comme il en existe des milliers en France avec son école, son église, son stade, son unique boulangerie et sa mairie, au cœur de la commune, sur une place tranquille. J'y exerce ma nouvelle fonction de maire depuis les élections municipales de 2020. Pour l'instant, on ne peut pas dire que mon mandat ait été de tout repos.

Notre maison, la ferme du Mont de Courmelles, est un bâtiment historique. C'était une ferme fortifiée, avec un mur d'enceinte, où se plaçaient des guetteurs pour protéger le bétail contre les pillards. Elle appartenait à l'évêché et dépendait du couvent de l'abbaye de Saint-Médard où étudiait une sœur de Clovis. À la Révolution, elle a été donnée à des agriculteurs, puis transmise ou vendue de génération en génération. On y travaille la terre depuis l'an 450. Un lieu parfait pour moi, qui exploite plusieurs terrains à proximité. Je m'y suis installé il y a dix-sept ans et nous y vivons bien. Le confinement, dont on sort à peine, n'a pas été trop difficile ici, en pleine nature. Le calme y est constant. Le premier voisin est à neuf cents mètres et on entend juste le chant des oiseaux et les brames de Youpi, l'âne du Poitou, fidèle compagnon de la famille.

C'est à quelques centaines de mètres de ma ferme, sur 39 hectares de la zone d'activité du plateau, que Rockwool, industriel danois et leader mondial de l'isolant en laine de roche, projette depuis plusieurs années d'implanter une nouvelle usine. Un projet soutenu par une majorité de responsables politiques locaux, parmi lesquels Xavier Bertrand, le président de la Région Hauts-de-France et un de ses fidèles, Alain Crémont, maire de Soissons et président de la communauté d'agglomération du GrandSoissons, à laquelle appartient Courmelles.

Ici, la grande hémorragie des années 1990-2000, qui a vu la perte de milliers d'emplois, reste encore dans les mémoires. Chacun connaît un ami ou un membre de la famille qui s'est retrouvé au chômage à ce moment-là. L'usine Rockwool présente toutes les garanties pour l'environnement et la santé des riverains, c'est en tout cas ce que promettent les responsables de l'entreprise lors des premières réunions d'information du public qui ont eu lieu au mois de janvier 2019.

Trop beau pour être vrai ? Derrière la communication, se dessine à l'inverse un projet dangereux pour la santé et l'environnement, qui consomme énormément d'eau et d'énergie, et qui finalement n'aura que peu de bénéfices en termes d'emplois. Un projet dénoncé par des associations, regroupées autour d'un collectif baptisé Stop Rockwool, à l'origine de la manifestation de cet après-midi à Soissons. Des citoyens déterminés à ne pas se faire imposer un projet polluant au pied de leurs maisons, déterminés à ne plus se laisser faire.

Pour moi, ce sera une grande première. À 53 ans, je n'ai jamais manifesté. Il est vrai que je vis mon métier d'agriculteur de façon solitaire, un peu individualiste peut-être. Je travaille seul et j'aime être au milieu des champs ou des bois, pas dans les foules. Et puis j'ai arrêté mes études au lycée, je n'ai pas connu l'université et cette période où on est facilement mobilisé. Ce sera une nouvelle expérience, comme pour beaucoup de manifestants d'aujourd'hui. Mes copains d'enfance iront, mes voisins iront, des clients auxquels je vends du bois ou des pommes de terre iront. Tous convaincus de l'urgence de la situation.

Manifester n'est pas dans la culture de la ville. Soissons, bien qu'à une heure de Paris, ne connaît pas les grands mouvements sociaux de la capitale. C'est une ville de 29 000 habitants peu encline au changement. Les dernières manifestations pour le climat ou celles pour la sauvegarde de l'hôpital ont à peine réuni une centaine de personnes. C'est peut-être le mouvement des Gilets jaunes qui a marqué un début de révolte. Le premier week-end, ils étaient 300 à se réunir. Parmi eux, certains de mes amis de toujours, comme Pascal, un avec qui je jouais au foot. Lui est né à Courmelles et a repris la maison de ses parents. Il travaille pour un plombier chauffagiste, mais ses fins de mois sont difficiles. L'augmentation du carburant sur un budget serré, ça impacte. Pascal mène une vie simple, mais il a l'impression qu'il est corvéable à merci et n'a droit à rien. Alors forcément, il s'est retrouvé dans ce combat, une forme d'émulation, et il est descendu sur le rond-point. Il y a cru au début, mais le mouvement s'est essoufflé et aujourd'hui il en garde une certaine amertume, celle d'avoir été proche d'un hypothétique grand soir et d'avoir échoué. Sans y prendre part, j'ai suivi leur combat. Je comprends leur frustration, car ici on a tous une part de Gilet jaune en nous, une part d'exaspération et de ras-le-bol.

On sonne à la porte. C'est Pascale, l'infirmière, qui passe à la maison. Depuis le début de la crise sanitaire, elle n'arrête pas. Elle vient pour faire une piqûre à Augustin, mon fils aîné de 23 ans. Il a la jambe cassée et six broches dans le pied depuis un mois, après avoir fait démarrer un petit tracteur dont la vitesse était déjà enclenchée. La machine lui a roulé sur le pied. Ce n'est pas de bol car il vient juste de se lancer dans le maraîchage et c'est la pleine période des semis. Si tu ne sèmes rien, tu ne récoltes rien, c'est la base de nos professions.

Je sonde Pascale : « Tu seras à la manif à 14 h 30 ? » Elle est contre le projet, mais ne pourra pas, elle doit bosser. « J'ai essayé de convaincre mes patients pourtant, dit-elle, mais ils s'en moquent, ça ne les concerne pas. »

C'est ma crainte, que le beau temps ait raison de la mobilisation. Que certains attendent de voir s'il y aura du monde pour se décider ou finissent par se dire « À quoi bon ». Aujourd'hui sera le moment de compter les bonnes volontés. C'est l'heure du match et on va voir si l'équipe tient la route.

C'est un jour important, le conseil municipal est sous tension depuis plusieurs semaines ; Rockwool est un sujet clivant. Il y a environ six mois, lorsque le conseil municipal a été consulté pour avis et a émis l'avis réglementairement requis, il a pris, à l'unanimité, la décision de dire non à l'implantation de l'usine. En outre, depuis, après instruction de la demande de permis de construire, j'ai par ailleurs été contraint de refuser celui-ci. En effet, si la demande déposée et le projet présenté avaient respecté les nombreuses règles applicables, j'aurais naturellement été contraint de délivrer le permis sollicité. Mais une analyse longue et minutieuse m'avait amené à la conclusion que ce n'était pas le cas : le dossier présentait trop d'illégalités et j'avais en conséquence l'obligation d'y opposer un refus et de le justifier. Un acte décisif, qui empêche la multinationale de poser sa première pierre. Un acte courageux et rare pour une mairie, car elle nous expose aux polémiques et peut-être à des suites judiciaires, mais pris en connaissance de cause en respect des choix des Courmellois.

Notre petit village est entré en résistance contre la multinationale. Mais cette ligne est difficile à tenir dans le temps, aujourd'hui je sens certains de mes adjoints hésiter. Ils perdent espoir, se résignent, disent que la venue de Rockwool est une décision politique, venue du haut, qui nous dépasse et qu'on ne l'empêchera pas. Ils sont confrontés à leur impuissance et sont effrayés par la possibilité d'un recours judiciaire de l'entreprise contre la commune, les frais de justice à engager : pour eux, ce sera de l'argent perdu.

Moi, je pense qu'on ne peut pas baisser les bras. Il faut tenir bon. Si cette manifestation est un échec et qu'il n'y a pas de soutien populaire, je me tairai pour de bon. Ce n'est pas une question d'honneur, ça, je m'en fous : c'est que j'aurai été dans l'erreur.

En fin de matinée, je reçois un appel des RG, les renseignements généraux. Comme pour tout rassemblement public, l'agent avec qui je suis en contact depuis plusieurs jours cherche des informations. Il essaye de jauger le risque que la manif soit infiltrée par des Gilets jaunes. Vite, les questions se concentrent sur ma personne : « Vous allez vous rendre à la manifestation ? En tant qu'élu, il faut se faire discret, vous allez y aller sans votre écharpe de maire, sans prendre la parole ? » Il met le doigt sur l'ambivalence de ma situation : « Si c'était votre inquiétude, je lui réponds, je vous rassure : le maire n'ira pas, mais le riverain oui. »

Je ne viens pas avec mon bandeau tricolore. Je n'ai jamais exprimé mon opinion personnelle quand je le portais et je ne me suis pas servi de mon étiquette de maire pour défendre mes intérêts. Et quand bien même, pourquoi le maire n'aurait pas le droit de se rendre à cette manifestation ? Ne pas y aller alors que mes administrés et mes conseillers y sont, c'est incompréhensible. Il faut que j'aie un avis éclairé, que j'aille prendre le pouls de la population. Je ne suis pas l'instigateur, mais toute la journée d'hier lorsque je vais faire mes courses ou que je passe dans le village, on me dit : « On se voit demain ? » Ce serait absurde de rester à la maison.

Je demande à l'agent des RG s'il a une estimation de la participation. « La dernière grosse manif, lorsque le maire de Soissons projetait d'abattre des tilleuls centenaires, a rassemblé 120 personnes, il devrait au moins y en avoir le double. S'il y a moins de 300 personnes, ce sera un échec », assène-t-il. La mobilisation, menée par l'association Soissonnais en transition, pour sauver les 145 tilleuls menacés par la création de places de stationnement, avait forcé la mairie à revoir ses plans. Comme quoi l'action citoyenne peut être payante !

L'agent des RG poursuit : « Si l'opposition à l'usine se maintient, il faudra garder le contact avec vous, les élus, c'est un sujet sensible pour nous, dont on devra rendre compte au ministère. » J'imagine que le spectre de Notre-Dame-des-Landes plane au-dessus des têtes. Nous n'en sommes pas encore là, mais je sais déjà que, si des travaux de construction venaient à commencer, des opposants parmi les plus remontés seraient prêts à créer une ZAD pour empêcher le chantier.

Mais pas le temps de spéculer, il faut savoir comment s'organiser pour convoyer ma petite famille. Augustin doit rester à la maison car il ne peut pas marcher, mais mes jumeaux de 15 ans, Hector et Valaire, et leurs amis viendront à la manifestation ainsi que ma fille de 20 ans, Adèle. Mon aînée Clothilde, 25 ans, nous rejoindra avec son copain. Une jolie troupe. Tous enthousiastes et opposés au projet, persuadés qu'il y va de leur avenir.

Nous voici tous calés dans la voiture, les fenêtres ouvertes car le soleil commence à chauffer. À l'arrière, mes enfants entament déjà leurs publications contre Rockwool sur les réseaux sociaux ; c'est une première pour eux également, mais les jeunes manifestants ont déjà pris goût à la lutte. Mes enfants sont attachés à leur région, à leur cadre de vie, même si, pour les jeunes, la ville n'offre pas beaucoup de débouchés. Généralement, s'ils poursuivent leurs études, c'est vers des pôles universitaires plus importants, comme Clothilde, qui est à Versailles en école d'architecture paysagère, ou Adèle, partie étudier la gestion à Lille.

Je commence à sentir la pression monter. Ma fille Adèle se doute de quelque chose : « Papa je te trouve trop silencieux, je n'aime pas ça. Parle, s'il te plaît tu m'angoisses. » Je leur explique. Quand je jouais encore au foot, à l'approche d'un rendez-vous important, je n'étais pas serein. Là je me sens comme dans la petite équipe de village qui arrive au vestiaire alors qu'il y a 20 000 spectateurs dans le stade.

Mais plus le temps de gamberger, nous voici au centre de Soissons et 14 h 30 approche. Des amis d'Augustin sont là aussi : ils ont enfilé des T-shirts « Rockwool c'est pas cool ». Nous remontons doucement vers le parc Gouraud, lieu du départ du cortège, et je commence à guetter les arrivants. Un peu nerveux. Le son se fait plus lourd, celui du brouhaha de la foule, des haut-parleurs. J'entends même des cornemuses. Ouf, il y a du monde !

Sur la pelouse du parc, la foule est colorée et diverse, des familles, des enfants avec de la musique et des slogans chocs ou amusants : « On veut des emplois respirables », « Assez de se faire enfumer », ou concis : « On a dit Non ! » Covid oblige, nous sommes tous masqués, mais certains ont adopté des masques à gaz, revêtus des combinaisons de protection ou des chapeaux en forme de cheminée d'usine. En fond, derrière le parc, l'abbaye Saint-Jean-des-Vignes, monument gothique du XIe siècle emblématique de la ville, se dessine. Elle semble prendre part au combat, manifestante statique et bienveillante.

Au micro, les membres de l'association Stop Rockwool, que je connais bien, prennent la parole. J'aperçois Karen Marchetti, qui est de Courmelles. Elle est assistante sociale à l'hôpital avec un engagement très humaniste. Elle ne lâchera rien ! Voici aussi Thomas Wozniak, d'origine polonaise comme moi : il est éducateur spécialisé. Il a acheté voici peu à Ploisy, le village voisin. Si l'usine se construit, il verra la cheminée de sa fenêtre. Je vois également Yannick Champain, qui est architecte, spécialiste et promoteur des matériaux biosourcés. Il est également représentant local de la Ligue des droits de l'homme. Ces trois-là sont tous des actifs occupés avec des familles et pourtant ils dégagent un temps et une énergie énorme pour la lutte contre l'usine. Ça force le respect.

Je serre beaucoup de mains, connues et inconnues, et reçois des encouragements. Comme ceux de M. Storme, toujours remonté à 80 printemps. On le surnomme Popeye pour sa carrure. Je le connais depuis mon enfance et l'apprécie pour son franc-parler. Il vit à Courmelles depuis 1963. Il était un des premiers à se rendre aux réunions de concertation. « Ils ne disent pas la vérité, assenait-il le premier, au début Rockwool parlait de deux unités de production, soit deux fois plus de pollution. Aujourd'hui, ce n'est plus évoqué, mais cela reste dans leurs projets. Comme ils ont vu les gens se braquer, ils n'en ont plus parlé. » M. Storme n'était pas resté dupe devant les belles présentations de l'industriel réalisées par une agence de communication, ni devant ces projections 3D d'insertion paysagère, montrant une usine très peu visible.

Le cortège démarre et passe par la rue Saint-Martin, la rue commerçante de Soissons, devant ses belles demeures Art déco et les maisons de la bourgeoisie agricole, au cri des « Non Rockwool on n'en veut pas ! Pour la santé. Pour l'emploi ». Un bébé dans une poussette tient lui aussi une pancarte : « Je suis le futur et je veux un air pur. » Au micro, les intervenants se succèdent.

Les activistes de Stop Knauf se sont déplacés de Moselle. Voici deux ans que leur petit village d'Illange vit avec une usine de laine de roche, qui bouleverse la vie des habitants au rythme des rejets toxiques, des odeurs désagréables, des bruits des camions et des incidents d'exploitation qui font monter les pics de pollution. À Illange, l'usine s'est construite à trois cents mètres d'une école. « Nous avons la rage au ventre de voir Rockwool vouloir s'implanter dans la région », lance une membre de l'asso qui dénonce « le mépris de votre santé, de celle de vos enfants, de vos petits-enfants et le chantage à l'emploi. Pour nous il est trop tard, mais il est encore temps pour Soissons de réagir ».

Leur solidarité fait chaud au cœur. Un peu plus tard, c'est Brigitte Fournié-Turquin, première élue écologiste au conseil départemental de l'Aisne, qui prend la parole. Elle a suivi le dossier depuis le début et assisté aux réunions du Coderst (conseil départemental de l'environnement et des risques sanitaires et technologiques) qui émet un avis consultatif pour éclairer le préfet dans ses choix. Elle y rappelle que l'architecte qui y siège a qualifié la laine de roche de matériau isolant obsolète, mais que les opposants au projet n'ont été que très peu entendus. Pas plus que les participants à l'enquête publique et l'avis du commissaire enquêteur. Elle loue alors le travail rigoureux des associations et des rares élus qui s'opposent au projet : « Je salue le courage du maire de Courmelles, Arnaud Svrcek, qui a refusé le permis de construire. » À ces mots, la foule se met à crier, applaudir et scander mon nom. Je suis à la fois ému et fier, mais reste au milieu de la foule ; je ne suis pas à la manifestation en tant qu'élu et n'ai pas l'intention de m'exprimer.

Ragaillardis, avec le cortège, nous arrivons enfin face à la mairie de Soissons. On se rassemble pour la photo de groupe et des fumigènes colorés volent. Rien de violent ni de dangereux, une ambiance bon enfant de kermesse. J'entends plaisanter dans la foule : « Le maire n'a pas prévu les petits fours pour nous recevoir ? »

Alain Crémont, figure de la droite locale, qui est à la fois maire de la ville et président de la communauté d'agglomération, fédère les mécontentements. Depuis les premières tractations avec Rockwool, il a donné son assentiment quasi aveugle au projet. Lors d'une séance en conseil municipal, il avait rembarré l'opposition, qui tentait d'alerter sur les vents dominants qui ramenaient la pollution dans la cuvette de Soisson, d'un « c'est faux[1] ». Vouloir aller contre le sens du vent, c'est tout un symbole.

Les enfants sont assis sur un trottoir, contents mais crevés. De mon côté, je suis détendu et heureux. Combien sommes-nous ? Selon les premiers décomptes 400, 500 peut-être ? Je

1. « Météo et dispersion des fumées, qui dit vrai ? », Rémi Havyarimana, *L'Union*, 21 décembre 2020.

sais que ce sera une bataille de chiffres, que les partisans du projet tenteront de minorer le nombre, mais l'important est là. Ce combat est légitimé. Et aujourd'hui j'ai entendu des gens parler avec le cœur, des citoyens qui veulent prendre leur avenir en main. Pas le discours teinté de clientélisme politique de ceux qui pensent draguer les foules avec quelques emplois.

Chapitre 2

Des champs à perte de vue et sous la ligne d'horizon, en cuvette, la ville de Soissons, reconnaissable à la silhouette de ses monuments religieux, la cathédrale Saint-Gervais et l'abbaye Saint-Jean-des-Vignes qui se détachent. Voici la vue depuis la zone du plateau où Rockwool souhaite s'installer.

Ses cheminées domineraient une cité fière de deux mille ans d'histoire, restée dans les mémoires pour le célèbre épisode du vase de Soissons, lors du règne de Clovis à la fin du Vᵉ siècle, mais qui compte aussi de nombreux édifices historiques, de ses abbayes médiévales à ses demeures Art déco en passant par son monument aux morts de la Première Guerre mondiale. Justement, à côté de la zone du plateau, la nécropole de Vauxbuin rappelle les terribles combats de la Grande Guerre. Deux cimetières abritent les corps de près de 15 000 soldats français et allemands, majoritairement morts lors de la sinistre bataille du Chemin des Dames, en 1917, à quelques kilomètres de là. Notre village, Courmelles, qui se trouvait sur la ligne de front, a subi, comme toute la région, de nombreuses destructions.

Cette zone constitue un paysage typique du Soissonnais, formé par une succession de vallées et de plateaux. On en oublierait presque que les forêts constituent un tiers du département. Ici, sur les hauteurs, s'étendent ses terres, parmi les plus fertiles de France, à 100 kilomètres de la capitale. Au

XVIIe siècle, on surnommait le Soissonnais le « Grenier de Paris », car il alimentait la ville en céréales. Aujourd'hui, elles sont toujours une culture majeure de la région, auxquelles s'ajoutent celles de la pomme de terre et surtout de la betterave sucrière. Le département en est le premier producteur de France.

Ces mêmes terres que je cultive aujourd'hui furent autrefois des terres d'adoption pour ma famille. Et l'histoire familiale a suivi celle du territoire, de la tradition agricole aux grandes heures de l'industrie. C'est dans l'Aisne que mes grands-parents paternels sont arrivés dans les années 1930. Ma grand-mère est née en Pologne, à Katowice, près de Cracovie, et mon grand-père dont je porte le nom imprononçable de Svrcek (Svrèque) en Slovaquie, au nord de Bratislava. Ils ont débarqué ici avec leurs parents qui fuyaient la misère à l'Est. Avant d'arriver en France à l'âge de 10 ans, ma grand-mère n'avait jamais porté une paire de chaussures.

Ici, mes grands-parents ont appris le français et se sont rencontrés, juste avant que la guerre n'éclate. Le père de ma grand-mère a été mobilisé dans les régiments constitués de Polonais pour aider la France. À la défaite, il a été fait prisonnier, emmené en Allemagne et forcé de travailler dans les fermes. Ma grand-mère, elle, est tombée enceinte de mon père, ils ont dû se marier, laissant leurs familles devant le fait accompli. Après-guerre, ils ont travaillé en tant qu'ouvriers agricoles près de Billy-sur-Ourcq, un hameau à 20 kilomètres au sud de Soissons. À l'époque, l'Aisne était essentiellement rurale et les fermes étaient remplies d'ouvriers étrangers. Des Italiens, des Polonais, des Slovaques, des Tchèques, des Hongrois issus des vagues d'immigration successives de l'entre-deux-guerres, accueillis pour reconstruire le pays. Ils constituaient une main-d'œuvre très recherchée. Quand un ouvrier partait en retraite ou que la ferme d'en face vous en « volait » un, c'était un drame.

Dans les années 1960, ils ont appris qu'un lotissement se créait à Belleu, en bordure de Soissons, quasiment en ville. C'était l'essor des maisons individuelles, lesquelles ont fleuri, créant des banlieues pavillonnaires. Comme ils avaient mis de l'argent de côté, ils ont pu acheter. C'était un véritable luxe pour eux : un logement avec salle de bains et toilettes ; une sacrée amélioration par rapport à la cabane au fond du jardin. À cette époque, le Soissonnais vit les heures de gloire de son ère industrielle. Dès le XVIIe siècle et l'établissement de la manufacture royale de glaces de miroir à Saint-Gobain, à 30 kilomètres au nord de Soissons, la verrerie est déjà une activité importante ici. L'usine de Vauxrot, aujourd'hui Verralia, s'y est implantée au XIXe siècle. Et avec la révolution industrielle s'installèrent de nombreuses entreprises, parmi les plus florissantes des cartonneries ou des chaudronneries.

C'est justement chez la plus célèbre d'entre elles, BSL, que mon grand-père a trouvé du travail comme chauffeur. Il faisait des livraisons et des allers-retours avec l'usine parisienne de l'entreprise. Installée à Billy-sur-Aisne, cette entreprise de chaudronnerie spécialiste des tuyaux en acier inoxydable était le leader européen du secteur. Elle a participé, entre autres, à la construction de pièces pour les centrales nucléaires. À cette époque, c'était un des plus grands employeurs de la région avec plus d'un millier de salariés. Le travail était dur, mais les ouvriers vivaient bien, avec de bons salaires, des syndicats puissants pour les défendre, la CGT et le Parti communiste, pour lequel mon grand-père votait, comme un quart des Français.

La génération de mon père est celle de l'exode rural. Leurs parents s'étaient abîmé la santé dans les champs et sacrifiés pour leur payer des études, les jeunes ne voulaient pas suivre leur voie. Beaucoup d'entre eux, attirés par les lumières de la ville, ont quitté le Soissonnais pour Paris et ses environs. Dans les années 1970, les grandes tours, comme à Aulnay-sous-Bois, près de Paris, représentaient un idéal, celui d'une vie paisible avec tout le confort moderne : l'eau courante, l'électricité, l'électroménager. Ces grands ensembles construits près des pôles d'emploi, comme l'usine Peugeot à Aulnay, attiraient les travailleurs. Tous ceux qui partaient ou « s'expatriaient » ailleurs en France disaient : on ne reviendra jamais à Courmelles.

Mon père, lui, n'est pas parti : il a trouvé du travail au service des hypothèques, où il a rencontré ma mère. Grâce à ses connaissances et dans ce contexte d'exode rural, il a pu faire des affaires, acheter des biens lors des ventes par adjudication, quelques lopins de terre et aider mes grands-parents à acheter une ferme à Courmelles. Mon grand-père a continué d'aller à l'usine, mais nourrissait les bêtes le soir et travaillait la terre le week-end, tandis que ma grand-mère faisait les comptes et gérait la ferme. Ils avaient des moutons, des canards, des poulets. Ils produisaient plus que ce qu'ils consommaient, alors ils vendaient les extras, et commerçaient le bois.

Dès mon plus jeune âge, j'ai baigné dans cette ambiance. On m'envoyait les week-ends et les vacances biner les oignons, couper du bois ou faire paître les moutons dans les bois parce qu'on n'avait pas assez de pâtures. C'était parfois difficile, il fallait porter de la paille, des grands jerricanes d'eau et j'étais seul, comme un ermite. J'ai été élevé dans cette idée qu'il fallait travailler et en faire plus que les autres pour avoir droit à la parole. Une éducation d'émigrés qui ont dû se battre pour se faire leur place. Pour que mon père obtienne la nationalité française, cela a coûté un an de salaire et de démarches, de coûts de traduction à mes grands-parents.

Ma seule échappatoire, enfant, c'était le foot. Quand ma mère m'a enfin acheté ma première paire de chaussures à crampons à l'âge de neuf ans, j'ai dormi avec tellement j'étais heureux. C'était une forme de liberté. Et puis c'était l'insouciance des jeunes années, L'Île aux enfants et les séries à la télé. J'ai commencé à jouer au club de Courmelles, au poste de stoppeur, car j'avais grandi vite et j'étais costaud. Cette passion m'a poursuivi toute ma vie. Il y avait quatre ou cinq nationalités dans l'équipe. C'était la France des années 1980.

En 1985, alors qu'arrive le bac, j'ai 18 ans et pas vraiment envie de continuer mes études. Je savais que je voulais être agriculteur, alors j'ai enchaîné les petits boulots, jusqu'au jour où j'ai pu reprendre les terres d'un exploitant qui partait en retraite et enfin me lancer. Ma génération – je suis né en 1967 – est celle de la désindustrialisation dans la région. Je me rappellerai toujours mon grand-père qui m'a interpellé un jour : « L'usine ça ne durera pas. Ce n'est pas le cheval qui tire la charrue qui mange l'avoine. » Trop de gens pour profiter d'un gâteau qui s'amenuise. Il avait un pressentiment juste. Les chocs pétroliers ont marqué la fin des Trente Glorieuses, du plein-emploi, et ce fut une cascade de délocalisations, de plans de licenciements et de fermetures à partir des années 1980.

En l'espace de trente ans, le Soissonnais a perdu 7 000 emplois : les containers Trailor, l'usine de pneus de vélo Michelin-Wolber, les chaudières Baxi. Toutes des entreprises disparues. BSL a tenu jusqu'en 2002 avant d'être mise en liquidation judiciaire. Dans ma jeunesse, j'ai vu les ouvriers en lutte, Soissons était devenu le siège de grosses manifestations. En mai 2002 avait été organisée une journée ville morte et les commerçants avaient fermé boutique en soutien. Ce jour-là, les manifestants, positionnés au rond-point de l'Archer à Soissons, y ont brûlé des pneus et accidentellement mis le feu à la statue de l'archer qui donnait son nom au lieu, une sculpture dans le style gréco-romain. Dépités suite à leur erreur, ce sont les anciens ouvriers de BSL, qui, en l'espace de dix jours, ont reconstruit une version modernisée de l'œuvre, en métal. Aujourd'hui c'est toujours le point de rassemblement de manifs et un symbole de la lutte des ouvriers. Lors des mobilisations, une délégation de salariés de différentes entreprises était même montée sur Paris, reçue par les pouvoirs publics, mais n'avait rien obtenu, juste une enveloppe pour se former et se reconvertir. La certitude qu'ils allaient mourir à petit feu.

J'ai rencontré mon ex-femme en 1994 et notre première fille, Clothilde, est née en 1996. Après avoir habité un temps à Soissons, ce qui faisait de moi un rat des villes travaillant dans les champs, nous nous sommes lassés de la vie citadine, bien décidés à revenir au village. C'est à cette même période que la communauté d'agglomération du GrandSoissons organise la zone du plateau à Courmelles pour en faire un parc d'activité destiné à accueillir des entreprises. Le choix du lieu s'est fait pour des raisons pratiques : l'hôpital de Soissons y était propriétaire d'une parcelle de 65 hectares. Il était plus facile de racheter à un établissement public qu'à de multiples propriétaires privés. L'agglomération revend aussi le corps de ferme du Mont de Courmelles, en bordure de la zone, que l'hôpital avait acquis avec ses terres. Cette maison historique et ses dépendances, je l'ai souvent contemplée enfant. Jamais je n'aurais imaginé pouvoir y habiter. Lorsque j'ai signé le compromis de vente, c'est un rêve qui s'est réalisé.

La tête dans les étoiles, nous y emménageons le 7 juillet 2004. Mais quelques jours plus tard, nous apprenons avec effarement qu'une aire de grand passage va être aménagée sur un terrain à 200 mètres de la ferme. Nous n'en avions pas été informés avant d'acheter. Le lieu est destiné à accueillir les gens du voyage lors de leurs déplacements pour des rassemblements traditionnels. De fait, peut s'établir à tout moment un campement comptant jusqu'à cent caravanes.

Comprendre les circonstances de l'aménagement de cette aire, qui se trouve au pied de la zone du plateau, est essentiel, tant elle a été et reste un sujet de préoccupation pour les Courmellois. Ce type d'équipement est obligatoire dans le plan départemental d'accueil des gens du voyage, mais peu de communes souhaitent en aménager. Erreur d'appréciation ou de langage, l'ancien maire de Courmelles, Serge Vallée, auquel les services de l'État avaient présenté le projet, pensait avoir signé pour une « aire temporaire d'accueil » alors qu'il s'agissait d'une « aire d'accueil temporaire ». L'accueil est bien temporaire, mais l'aire permanente. La nuance est subtile et pourrait sembler risible, mais cette erreur lui aura valu beaucoup de ressentiment de la part de la population. Et finalement elle lui a coûté sa réélection après plus de trente ans à la tête du village.

La mise en place de l'aire a été tout aussi chaotique et j'en ai moi-même pâti avec des coupures d'eau et d'électricité répétées. Néanmoins, l'accueil des voyageurs de passage se passe toujours bien. Ce sont le plus souvent des groupes de missions évangéliques qui se déplacent dans toute la France entre mars et octobre. Ils restent entre quelques jours et quelques semaines. Je les considère comme des voisins et j'ai des relations cordiales avec eux. Je leur vends parfois des pommes de terre et nous avons été invités avec mes enfants à passer une soirée grillade sur leur campement. Un excellent souvenir.

En novembre 2013, au moment où l'affaire Leonarda secoue le pays, arrive, escorté par des motards depuis Lille d'où ils avaient été expulsés, un groupe de six ou sept caravanes que les gendarmes laissent s'installer sur l'aire. Vont-ils y rester de manière permanente ? Cela ne devrait pas être possible car ce n'est pas la fonction de ce lieu, mais ce genre d'événement s'est pourtant répété ces dernières années car c'est le seul espace du département. Des installations sauvages souvent accompagnées de nuisances, de branchements illégaux sur le réseau électrique, qui exaspèrent la population. Le lendemain, des gens du village se regroupent, très en colère. Ils parlent d'asperger les caravanes d'essence et de tout brûler. Quand ils passent par ma ferme, à 200 mètres du terrain, je tente de les raisonner : « Vous êtes fous, ces gens sont des malheureux, il faut communiquer, pas se lancer dans des actions violentes. »

Le maire, alors en vacances, je fais assez vite office de médiateur. Nous montons sur le campement. Les caravanes tiennent à peine debout, leurs habitants semblent hagards, certains en mauvaise santé, vivant dans des conditions d'hygiène déplorables. L'aire ne comporte pas de toilettes et une seule arrivée d'eau. Le commandant de gendarmerie venu de Laon tente de communiquer en anglais avec eux. J'entre finalement dans les caravanes, serre des mains et commence à parler slovaque.

Les voyageurs, des Roms de Hongrie et de Slovaquie, me comprenaient. Le commandant en est resté ébahi. En traduisant, j'ai pu comprendre que ces familles roms étaient perdues et ne savaient pas pourquoi elles avaient été placées là. Elles avaient l'impression d'être en résidence surveillée. Quand elles ont appris qu'elles étaient libres de leurs mouvements, elles ont été soulagées et sont reparties au bout de quelques jours. C'était pour le mieux, il fallait trouver un endroit adapté pour les accueillir. Ce moment de bravoure, c'est un peu mon baptême du feu politique, la première fois où je me suis mis en avant.

Je n'avais pourtant pas envisagé de me présenter à la mairie, mais alors que nous discutions régulièrement avec l'ancien maire Yvon van Mello, il m'a ouvertement demandé un jour si je souhaitais prendre la relève. Je suis apprécié à Courmelles où je suis connu pour mes qualités de travailleur et car je rends beaucoup de services : je déblaie les chemins, je déneige l'hiver. Ce n'est pas une idée folle. Après tout, un maire agriculteur est au plus près du terrain, il connaît parfaitement la commune et ses habitants, car il y passe ses journées. Je me laisse le temps de la réflexion. En octobre 2019, Yvon décède brutalement à 65 ans d'une rupture d'anévrisme. C'est un choc pour Courmelles. L'intérim est assuré par son adjointe, mais ses proches se tournent rapidement vers moi pour les prochaines municipales. Alors j'accepte.

Si je me lance, c'est un peu par défi, un nouveau challenge au tournant de la cinquantaine, mais c'est surtout parce que j'aime mon village et que j'ai des idées pour améliorer la vie locale. Ce que je veux défendre avant tout et que j'ai mis en avant dans ma campagne, c'est le maintien du caractère rural de Courmelles. La problématique de ces communes en bordure des villes est la peur de se faire grignoter par la cité et de devenir une banlieue dortoir. Ici, Soissons est à dix minutes de voiture, mais notre cadre de vie ce sont les bois, les champs.

Nous, les 1 870 habitants de Courmelles, sommes des rurbains, ni totalement ruraux ni totalement urbains. Cette situation est un atout formidable dont on se rend compte aujourd'hui. Surtout avec la crise du Covid qui marque la fin d'un système qui vantait les mérites de la ville et ringardisait la campagne. Si nous avons besoin de la ville, des services qu'elle apporte en termes d'emploi, de vie quotidienne, de santé, d'éducation, de loisirs, notre cadre est privilégié et nous voulons le conserver. Ainsi, l'urbanisation est un sujet primordial.

Je suis certain qu'un village qui ne gagne pas de population et qui ne construit pas est un village qui perd de la population et se meurt. Il faut pouvoir intégrer des gens, mais nous n'avons pas la capacité de le faire à grande échelle. Il faut le faire intelligemment et avec parcimonie. Un des grands problèmes de Courmelles, c'est que les terrains à construire y sont introuvables ou inabordables. Pourtant, beaucoup de jeunes familles, des trentenaires, locataires sur la commune ou dans les environs et qui ont des attaches ici, souhaiteraient s'y installer. Leurs revenus sont trop importants pour les critères des logements sociaux, mais trop faibles pour leurs projets. J'aimerais pouvoir trouver une solution en les accompagnant dans leur recherche de terrain.

Ce sont des gens qui ont des enfants, qui vont faire vivre le village, les associations, les écoles. J'envisage même la création d'une microcrèche. Il est important de dynamiser le village car sa population vieillit et compte beaucoup de retraités. Je pense aussi à la création d'un lotissement pour seniors, afin que ceux-ci n'aient pas à partir pour Soissons. Ces mesures pourraient permettre à Courmelles d'attirer des professionnels de santé comme un médecin et un pharmacien, alors qu'ils ont récemment quitté le village.

Courmelles est un ancien bastion communiste, avec un maire PC pendant trente ans, mais comme de nombreux villages ouvriers des Hauts-de-France, aux dernières élections présidentielles, le vote Rassemblement national y a été majoritaire. Un vote contestataire, de dépit. Pas par adhésion à des idées racistes mais par ras-le-bol de la classe politique. S'il y a peu de chômage sur la commune, il y a malgré tout de la pauvreté et des bas salaires. Ici, on ne voit pas la misère dans les rues, comme à Paris, mais elle est cachée. Des gens qui ont du mal à boucler leurs fins de mois, des petites retraites. Il faudra prendre soin des plus fragiles, notamment par le biais du centre communal d'action sociale.

Au moment de la campagne, le projet Rockwool est déjà lancé depuis deux ans et fait débat dans les médias locaux et la population. L'ancien maire, lui, était favorable au projet. Déjà en 2018, l'entreprise avait demandé l'autorisation de poser des capteurs dans ma ferme pour effectuer des mesures de bruit. J'étais inquiet d'éventuelles nuisances sonores, mais à vrai dire je ne connaissais pas bien le dossier. Avant les municipales, les opposants au projet m'avaient contacté pour que je me positionne. Ce que j'ai refusé de faire, car cela me gênait de réduire ma campagne à cette question, sachant que cela risquait de diviser les Courmellois et que je voulais mettre en avant d'autres propositions pour les six ans de mon mandat.

À l'époque, l'installation de Rockwool n'était pas actée et j'étais certain que ce sujet n'occuperait pas un mandat entier. Aujourd'hui, j'en suis beaucoup moins sûr. Ce que j'avais proposé, c'est une fois élu d'affréter un car et d'emmener les Courmellois qui le souhaitaient visiter la ville de Saint-Éloy, où Rockwool possède sa seule usine en France. Avant d'acheter une voiture, on l'essaye, avant d'acheter une maison, on la visite, alors avant d'accueillir une usine, il est normal d'aller la voir et d'estimer ce qu'elle amène à une ville. Et puis c'est un moyen de créer du lien dans la population. On fait bien la fête des voisins, on aurait fait le bus du village. L'idée a plu. Pour autant la thématique Rockwool n'a pas été le sujet majeur de la campagne.

Dans une élection perturbée par la crise du Covid, avec le rebondissement du report du second tour, je suis finalement élu le 28 juin 2020. Je totalise 51 % des votes et dix points d'avance sur ma principale concurrente. Vient d'abord l'euphorie, la fête lors de la soirée de victoire, puis la découverte du fonctionnement de la mairie, des responsabilités que je vais devoir assumer. Tout se déroule très vite. Il faut mettre en place les équipes et s'atteler aux premiers dossiers, comme la refonte du PLU (plan local d'urbanisme), tout en jonglant avec les mesures sanitaires. Je suis si occupé qu'à l'été j'en ai presque oublié mon métier d'agriculteur et le début des moissons, mais je peux compter sur l'aide de bons amis pour m'en sortir. Et dans le bureau de la mairie, pendant ce temps-là attend un dossier volumineux, le projet d'usine de laine de roche de Rockwool. Je sais qu'il va falloir s'y atteler bientôt.

Chapitre 3

Mes premiers jours à la mairie débutent par un mariage. Je célèbre celui de deux jeunes de la commune, un couple mixte franco-tunisien, que je connais bien car je leur ai vendu un terrain. Leur projet de vie est ici. Ils attendaient mon entrée en fonction car ils voulaient que je sois celui qui les marie. Alors il a fallu retoucher un peu la robe car, avec le report de l'élection, la mariée est tombée enceinte entre-temps. J'assiste à une super garden-party chez les parents de la jeune fille, qui habitent juste en face de la mairie et, comme le marié tient une boucherie, on déguste de la très bonne viande et puis des pâtisseries.

Mais tout n'est pas que douceurs et réjouissances, novice en politique je découvre la complexité de la fonction. On me soumet les dossiers en cours, hérités de la mandature précédente. Je maîtrise certains sujets comme la propriété foncière ou l'urbanisme, mais j'apprends le reste. Il faut emmagasiner beaucoup d'informations rapidement. J'ai toujours travaillé seul depuis ma cabine de tracteur, alors gérer l'humain c'est nouveau. J'encadre treize salariés, secrétaires, personnel des écoles, agents des services techniques. Il faudra apprendre à collaborer. Moi qui suis pourtant travailleur, je suis accaparé par la mairie du matin au soir tout le mois de juillet. Un des grands défis qui m'attendent est la révision du plan local d'urbanisme. C'est assez sensible car, dans le village, les maisons sont collées les unes aux autres et les gens ont parfois du mal à cohabiter. Cela crée des frictions. Il faut également prendre le temps de recevoir les administrés qui exposent leurs problèmes de voisinage : les stationnements gênants, la tonte bruyante de la pelouse, les fumées de barbecue. Tout cela est amplifié par un phénomène récent, l'arrivée de propriétaires de maisons secondaires, qui ont l'habitude de vivre différemment. Ils ont connu la promiscuité en ville et, en arrivant le vendredi soir, ils souhaitent vivre au calme, isolés dans leur propriété. Cela change la physionomie de nos communes, car les voisins se connaissent de moins en moins et le village finit par ne plus vivre que les week-ends.

Enfin, parmi les dossiers hérités de la mandature précédente, je dois rapidement m'intéresser à celui de l'usine Rockwool. En l'état, il semble déjà sur des rails. Les intentions du groupe sont connues depuis 2018 et l'histoire d'amour entre le groupe danois et la communauté d'agglomération du GrandSoissons a démarré le 14 février 2020, jour de la Saint-Valentin, par la vente d'une parcelle de 39 hectares de terrains sur la zone du plateau à l'entreprise. Un des artisans de cet accord, c'est Jean-Marie Carré, président de l'agglo entre 2008 et 2020. Un homme sensible au projet, car il vient lui aussi du monde du bâtiment. Ancien couvreur de métier, il connaît bien la laine de roche, qu'il a sûrement dû utiliser au cours de sa carrière. Il a signé cet accord juste avant de prendre sa retraite politique, mais continue de le défendre publiquement avec ferveur.

Yvon van Mello, mon prédécesseur à la mairie, était aussi favorable à l'usine, convaincu par l'arrivée d'emplois, mais aussi par les potentielles recettes fiscales pour la commune. Il a vu arriver le ticket gagnant du Loto qui lui permettrait de financer les travaux de Courmelles. Il pensait sincèrement que le projet était bénéfique, puisqu'on le lui avait présenté sans risques pour la santé et respectant les normes. Il avait alors très rapidement donné son accord de principe sur les premiers éléments transmis. L'arrivée de l'industriel semblait donc se dérouler sans accroc.

Comme le projet est une ICPE (Installation classées pour la protection de l'environnement) « susceptible de créer des risques ou de provoquer des pollutions ou nuisances, notamment pour la sécurité et la santé des riverains », c'est le préfet qui sera amené à délivrer ou non une autorisation d'exploiter. Pour le guider dans sa décision, le dossier est instruit par la Direction régionale de l'environnement, de l'aménagement et du logement (DREAL) qui évalue l'étude d'impact fournie par le pétitionnaire et recueille l'avis de divers services de l'État comme l'Agence régionale de santé (ARS), la Mission régionale d'autorité environnementale (MRAe) ou le Service départemental d'incendie et de secours. Chacun se prononce dans son domaine de compétence.

Le préfet pourra aussi consulter le Conseil départemental de l'environnement et des risques sanitaires et technologiques (Coderst), une instance qui compte entre autres des représentants de la société civile (médecins, associations). Et enfin une enquête publique sera menée. Un commissaire enquêteur, indépendant, désigné par le tribunal administratif, aura la charge d'informer et recueillir les observations du public avant de rendre ses conclusions, soit un avis favorable, favorable sous réserves ou défavorable, qui ne sera que consultatif mais éclairera le choix de la préfecture.

C'est à la commune de faire la demande officielle de l'enquête publique au préfet. Et pour être sûr que je n'oublie pas ma tâche, début août, je reçois un courrier de la préfecture me rappelant d'effectuer ces démarches. Le parcours est guidé. Mais si la procédure semble hors de nos mains, une étape essentielle doit encore se jouer à la mairie de Courmelles.

La multinationale a déposé de nouveaux éléments, d'ailleurs improprement présentés comme une demande de permis de construire modificatif, sur laquelle je dois statuer.

Tout semble se dérouler comme un processus normal dans lequel je dois jouer ma partie, mais avant tout je souhaite prendre connaissance du dossier, que j'avoue méconnaître. Je rentre d'abord en contact avec François Leroux, agriculteur voisin et maire de Ploisy, un petit village d'à peine 80 habitants, avec lequel Courmelles partage la zone du plateau. Deux hectares de la parcelle achetée par Rockwool se trouvent sur sa commune, mais, étonnamment, lui n'est pas tenu informé ni sollicité par les services de l'État, car le permis de construire ne concerne que Courmelles.

Je demande aux secrétaires de la mairie de sortir l'imposant dossier. Je me trouve face à plusieurs cartons qui contiennent les courriers échangés, les premières demandes de permis de construire et les plans de la future usine, le dossier fourni par l'industriel avec les études d'impact sur la faune, la santé, les nuisances sonores, lumineuses. Des milliers de pages dans lesquelles je commence à me plonger. Il est bien évidemment difficile d'appréhender ces données techniques quand on n'est pas à la fois ingénieur, architecte, médecin ou naturaliste.

Les opposants ont un peu d'avance dans la connaissance du dossier. Depuis que l'arrivée de Rockwool est publique, ils se sont mobilisés et organisés. Certains ont bravé le froid et l'obscurité des soirées d'hiver pour participer aux premières discrètes réunions d'information du public qu'a mises en place l'industriel en plein mois de janvier 2019. Un premier groupe de militants s'est formé en mars de la même année, suite à un atelier-débat sur la transition écologique. Mais un des premiers moments forts de mobilisation a lieu début mars 2020, lors d'une réunion publique à la salle de la Mutualité à Soissons intitulée « Rockwool, pour ou contre ? », qui rassemble une centaine de personnes. Elle est coorganisée par Yannick Champain, représentant local de la Ligue des droits de l'homme.

Face à une audience plutôt inquiète et hostile, l'ancien président de GrandSoissons Jean-Marie Carré y tente de défendre Rockwool. Le ton monte. Lui s'est rendu à Saint-Éloy-les-Mines et n'a pas trouvé de raison de s'inquiéter. À ses yeux, les opposants ne représentent pas la majorité. Ils racontent « des conneries[1] » et veulent faire capoter un projet réfléchi par des élus responsables.

Yannick Champain est un des premiers acteurs de cette mobilisation. Architecte basé à La Ferté-Milon, près de Villers-Cotterêts, il n'utilise que des matériaux biosourcés sur ses chantiers et en est un fervent promoteur. Pour lui, la laine de roche est un produit dépassé. La preuve : lui se passe bien de ce matériau.

À cette réunion est aussi présent Thomas Wozniak, éducateur spécialisé, qui accompagne des enfants en difficulté. Très remonté, il ne veut pas lâcher le micro. Il faut dire qu'il vient d'acheter sa maison à Ploisy. Thomas raconte que, dès la lecture des premiers articles sur la multinationale danoise, assis dans son canapé, il a fait ses recherches, consulté le site Géoportail, les données d'altimétrie et en est arrivé à la conclusion que si l'usine s'installait, de ce même canapé, il en verrait la cheminée. Et la question qui le travaille ensuite est : mais qu'est-ce qu'il en sort ? Ses premières recherches sur le Net ne sont pas pour le rassurer. Il tombe sur des vidéos d'usines de laine de roche dégageant des nuages énormes de fumée et une liste de polluants longue comme le bras. Alors qu'il sera bientôt papa, il pense qu'il n'aura pas d'autre choix que de déménager.

1. « Comment je vais respirer dans dix ans », *L'Union*, 3 mars 2020.

Également dans l'organisation de cette réunion, Karen Marchetti, assistante sociale à l'hôpital de Soissons, résidente de Courmelles et très engagée à gauche. Son engagement est simple à comprendre : elle habite à l'époque à quelques centaines de mètres à vol d'oiseau de la zone du plateau. Si elle s'est installée à la campagne, ce n'est sûrement pas pour élever ses trois enfants près d'une source de pollution. Autant vivre en centre-ville. Ce combat contre Rockwool, elle le saisit à bras-le-corps car elle y voit plus qu'un problème local : c'est aussi une question de fond à se poser. Se demander ce qu'on veut pour nos gamins, pour les générations d'après. Et ce modèle de société n'est pas ce qu'elle veut leur transmettre. On parle de durabilité, de transition, mais pour que ce ne soit pas qu'une mode, il faut commencer un jour. On commence quand en fait, demande-t-elle ? Quelques mois plus tard, avec Thomas, Yannick et d'autres, ils créent officiellement le collectif Stop Rockwool.

Juste avant le premier confinement, cette réunion fait remonter les inquiétudes de la population. Les opposants commencent, de façon improvisée au départ, à interpeller, à tracter sur les marchés et à intervenir dans les meetings politiques. Ils contribuent à mettre le sujet de l'arrivée de Rockwool au cœur de la campagne des municipales à Soissons. Face au maire Les Républicains en place, Alain Crémont, fervent partisan du projet, l'opposition commence même à émettre des doutes et des réserves. Le candidat de la France insoumise Philippe Abbas et celui de LREM Franck Delattre se prononcent contre. D'abord timidement, car dans le Soissonnais il est difficile de paraître s'opposer à l'emploi. D'ailleurs, le candidat PC d'Union de la gauche, Sébastien Lange, se prononce pour, au nom de l'emploi.

C'est Karen, la première à avoir éveillé mes doutes sur le projet. Elle habite alors Courmelles, au hameau de la Roche, en bas de chez moi. Je connais bien son compagnon, Fred, avec qui j'ai joué au foot, mais elle assez peu. En voisins polis, on se salue quand on se croise. Un jour, pendant la campagne des municipales, elle vient m'exposer ses arguments. C'était un samedi matin, on a pris ma voiture et on a fait le tour du plateau pour visualiser l'emplacement de l'usine. Et se rendre finalement compte de l'absurdité de voir s'élever ces cheminées au milieu des champs. De cela, l'homme que je suis n'a pas besoin d'être convaincu, mais elle voudrait que je prenne position en tant que candidat. Je suis sensible à ses arguments, mais je ne veux pas prendre parti ouvertement contre l'usine. Plusieurs choses me gênent, dis-je à Karen : si aujourd'hui je pars pour six ans de mandat, je ne veux pas être élu uniquement sur le fait de me positionner contre Rockwool. Je risque de braquer une partie des Courmellois et j'ai d'autres propositions à porter. Et ma position est délicate car je suis maire et habitant de la commune, vivant à proximité du projet : je ne veux pas qu'on me reproche de défendre mes intérêts.

Ce sera finalement le volet sanitaire qui aura raison de mes réserves. Je suis entouré de professionnels de santé, tous inquiets : mon ex-femme est pharmacienne, mon beau-frère est dermatologue et ma sœur professeur d'anatomopathologie, l'analyse des prélèvements biologiques, à l'hôpital Saint-Antoine à Paris. En découvrant les substances rejetées par la future usine : poussières, phénols, formaldéhydes, ammoniaque, oxydes d'azote, composés organiques volatils (COV), etc., elle contacte un grand professeur d'immunologie, un ponte en qui j'ai une entière confiance. Il partage ses conclusions : nombre de ces rejets sont toxiques, notamment les COV suspectés de causer des cancers des voies aérodigestives supérieures. Même si l'industriel assure qu'ils n'auront aucun impact sur la santé, en quelle quantité seront-ils rejetés ? Doit-on faire une confiance aveugle à la multinationale ? Ne doit-on pas faire valoir le principe de précaution ? Je devrais prendre position pour le bien des Courmellois. D'autant que la commune a déjà connu un épisode de pollution. Pendant plusieurs dizaines années, la blanchisserie locale déversait son eau de lavage, chargée en détergents, dans la rivière du village. Après de nombreuses démarches et relances, la question n'a été réglée que dans les années 2000.

Ailleurs en France, d'autres citoyens se sont déjà confrontés à ces puissantes usines de laine de roche. Karen, Yannick et Thomas se sont ainsi rapprochés de l'association Stop Knauf Illange, dont le président, Guy Vignard, était intervenu lors du débat « Rockwool, pour ou contre ». Thomas Wozniak avait interpellé Guy : « Vous avez perdu, j'en suis désolé pour vous, mais aidez-nous à gagner s'il vous plaît. » C'est là qu'ils ont noué des liens. Ils découvrent les similarités entre les deux projets : les deux usines produiront la même quantité de laine de roche par an : 110 000 tonnes. Rockwool investit 130 millions d'euros et promet 130 emplois, Knauf 110 millions pour 123 emplois. La technologie de fusion utilisée à Courmelles, un four électrique, sera toutefois moins émettrice de CO_2 qu'à Illange dont le four est alimenté à 90 % par de l'énergie fossile (coke et gaz).

Le quotidien des riverains d'Illange, Karen, Yannick et Thomas peuvent en témoigner. Ils se sont rendus sur place pour constater les nuisances ; fumées noires, rejets toxiques qui provoquent des quintes de toux, odeurs irrespirables d'ammoniac, de plastique brûlé, et régulièrement des incidents comme des départs de feu. Là-bas, nous sommes au pied d'un autre bassin industriel sinistré, la vallée de la Fensch, surnommée vallée des Anges pour la terminaison des villages qu'elle traverse et chantée par Bernard Lavilliers. Elle était le berceau de la sidérurgie, mais a perdu des dizaines de milliers d'emplois depuis les années 1990 et la crise du secteur, marquée par l'arrêt des hauts fourneaux des sites ArcelorMittal de Gandrange, Hayange et Florange dans les années 2000-2010. L'arrivée de Knauf, symbole de réindustrialisation et d'investissement financier dans une zone délaissée depuis vingt ans, avait été louée par tous les élus locaux et s'était faite sans grande résistance.

Au cours de l'été 2020, je contacte Alain Crémont, qui a été largement réélu maire de Soissons et vient d'enfiler une nouvelle casquette en tant que président de la communauté d'agglomération du GrandSoissons, pour lui exposer mon problème : « Aujourd'hui, je dois demander une enquête publique sur un dossier que je ne connais pas. Mon prédécesseur y était visiblement favorable, mais en tant que nouvel élu, j'aimerais que l'industriel vienne m'exposer le projet. » « Pas de problème », me répond Alain Crémont et rendez-vous est pris rapidement, en septembre. Il ajoute qu'après l'entretien il faudra demander l'enquête au préfet et instruire le permis de construire. Je comprends que le dossier presse, que j'ai un document important entre les mains, mais je ne veux pas faire vite, je ne veux pas commettre d'erreur irréparable.

Le rendez-vous arrive très rapidement. Juste après la rentrée des classes, le 10 septembre 2020. Au jour J, j'attends les représentants de la société Rockwool sur le perron de ma mairie. De bon matin, c'est une dizaine d'hommes qui débarquent de leurs grosses voitures. Ils sont accompagnés de toute une armada de l'intercommunalité : son président Alain Crémont, le directeur général des services, celui du développement économique. J'attendais seulement deux personnes de l'entreprise Rockwool, mais ils arrivent à quatre. En plus des porteurs de projet, il y a des représentants de l'agence Parimage. Cette société de communication, spécialisée à la fois dans l'institutionnel, les grands projets privés ou publics et la communication de crise, compte parmi ses clients le Grand Paris, Danone, des préfectures, des ministères… et Rockwool. C'est cette boîte qui a animé en 2019 les réunions de concertation avec le public. De jeunes communicants avec de beaux costumes, ils me font l'impression du sketch des Inconnus, des publicitaires sûrs d'eux, venus vendre leur produit aux bouseux de la campagne. Mais je ne compte pas me laisser influencer. Comme le maire de Ploisy n'avait pas été convié, je l'ai invité aussi. Sa présence et ses doutes sur le dossier semblent déranger dans le cortège de louanges.

La présentation est courtoise, c'est une opération séduction. Comme un rouleau compresseur, l'entrepreneur et les cadres du GrandSoissons se passent le relais pour vanter un projet porteur d'emploi et bénéfique pour la commune. Au passage, on me fait aussi miroiter une taxe d'aménagement de 450 000 euros. L'agence de communication nous fait un condensé des réunions de concertation publiques et évoque les inquiétudes sur la santé ou l'environnement. Mais celles-ci sont vite balayées. Ils ont réponse à tout. On aurait presque l'impression que de l'air pur va sortir des cheminées. De toute façon, ils nous bombardent de tant d'informations qu'il est impossible de prendre le temps d'y réfléchir. En bref : une démonstration de force.

L'après-midi, cela se confirme : une réunion préparatoire est planifiée avec le commissaire enquêteur, qui sera chargé de mener l'enquête publique. Il s'agit de Jean-Quentin Delval, un colonel de l'armée de terre, aujourd'hui retraité. Il est tellement encadré et pressé par les membres de la société Rockwool que j'ai à peine l'occasion de lui parler afin qu'il m'explique comment doit être annoncée l'enquête. Je me rends alors compte que tout est déjà organisé, les dates de l'enquête ont été retenues et le formulaire que je dois remplir pour en faire la demande ne servira qu'à la valider administrativement, *a posteriori*.

Ce formulaire, le directeur général des services du Grand-Soissons est même venu avec un exemplaire prêt à signer. Mais devant cette pression, je tente de rester calme : « Ne nous précipitons pas, la réunion vient d'avoir lieu. » J'essaie encore une fois de gagner du temps, la seule arme dont je dispose.

Je sors démoralisé de cette rencontre. J'ai vu la force de frappe de l'industriel et de l'agglo, et je sais qu'ils feront tout pour obtenir le permis de construire de ma commune. À leurs yeux, je ne suis qu'un pion dont on attend une signature, sans faire de bruit, comme cela s'est déroulé jusqu'à présent à la mairie de Courmelles, quand mon prédécesseur était en place. Mais je ne peux pas accepter de signer un arrêté délivrant le permis de construire attendu sans avoir procédé à l'instruction totale de la demande, sans m'être parfaitement assuré que toutes les règles sont respectées ; à commencer par celles visant à assurer la protection de l'environnement et l'absence de risques pour le voisinage. Du reste, chaque chose en son temps : l'enquête publique est la première étape. C'est important qu'elle ait lieu, car les Courmellois pourront se prononcer sur le projet Rockwool. D'autant plus que reste en mémoire dans le village l'implantation de l'aire de grand passage, qui s'est faite sans aucune concertation.

Chapitre 4

L'enquête publique est un moment de démocratie rare dans le processus d'implantation d'une usine. Chacun peut y donner son avis, qu'il soit de la région ou non. Elle permet de soulever les questions brûlantes, dire son refus ou son soutien au projet, voire de proposer d'autres alternatives. En tant qu'élu, je la juge essentielle. Avant qu'elle ne commence, je prends la parole dans la presse locale et, lorsque je croise les Courmellois sur le terrain, je les encourage à participer. Je ne mobilise pas contre le projet, mais je mets les uns et les autres face à leurs responsabilités. Comme le vote, c'est un droit qu'il faut saisir. Si demain l'enquête n'a que peu de participation et que, par malheur, vous subissez des nuisances, ne venez pas me demander des comptes. C'est comme une cérémonie de mariage dans un mauvais film : si quelqu'un a quelque chose à dire, qu'il le dise maintenant ou se taise à jamais.

Le 14 octobre 2020 à 9 heures, l'enquête s'ouvre à la mairie de Courmelles. Elle doit durer un mois. Le commissaire enquêteur, Jean-Quentin Delval, y assure sa première permanence : il rencontre les citoyens et enregistre remarques, questions, observations. Il a également lu l'intégralité de l'épais dossier présenté par Rockwool, qui peut être consulté en mairie et en ligne ; et il a visité le site sur la zone du plateau. Il n'est pas expert dans tous les domaines abordés, mais peut orienter le public vers les documents qui répondront à ses interrogations. Il fait aussi le lien avec le porteur de projet auquel il remonte les questions, mais il a un devoir de neutralité. Au départ, malgré sa courtoisie et son professionnalisme, je doutais de son objectivité. Un militaire n'a pas un profil de rebelle : il avait déjà mené douze enquêtes publiques, notamment sur des projets éoliens controversés dans la région, toutes conclues par des avis favorables. Mais de toute façon, sur les 5 000 enquêtes publiques qui ont lieu chaque année en France, il est estimé que seules 3 ou 4 % d'entre elles aboutissent à un avis défavorable du commissaire enquêteur. Et ce quelle que soit l'orientation des contributions. Le collectif Stop Knauf à Illange avait d'ailleurs averti les opposants de ne pas se bercer d'illusion : l'enquête publique en Moselle avait rassemblé 540 participants et compté 80 % d'avis négatifs avant d'aboutir à un avis favorable assorti de trois réserves. Le préfet avait ensuite autorisé le projet sans les lever.

Pour autant, les membres de Stop Rockwool ne se découragent pas. Cette enquête est une aubaine, car ils peuvent enfin consulter le dossier déposé par l'industriel. À savoir, outre les plans de la demande de permis de construire et la description du projet d'usine, l'étude d'impact produite dans le cadre de son évaluation environnementale, avec ses multiples chapitres et annexes : évaluation des risques sanitaires, modélisation atmosphérique, rapport de mesures acoustiques, inventaire faune-flore… plus de 1 200 pages de données, de chiffres, d'informations à décortiquer, rarement mises à disposition du grand public. Karen, Thomas et Yannick se relaient dans la mairie pour questionner le commissaire enquêteur et consulter les éléments. Un travail de fourmi et de titan. Pour Thomas, une malchance se transforme en atout : condamné à rester chez lui suite à une fracture au genou, sa maison se transforme en cellule de crise. Tous les jours, dès 8 heures du matin, Thomas est au téléphone avec Guy Vignard, le président de Stop Knauf Illange. Ce dernier est affûté par l'expérience de leur propre combat et sait lire entre les lignes d'un dossier complexe. Guy, qui est malheureusement décédé depuis, était un combattant qui s'est déplacé dans l'Europe entière dans sa lutte contre les usines de laine de roche. En 2019, il se rend en Serbie à Surdulica où Knauf possède une usine pour y rencontrer les riverains. Il en revient scandalisé, rapportant des témoignages inquiétants.

Mes doutes et ceux de mes proches, professionnels de santé, se confirment quand des médecins du Soissonnais étudient de plus près les rejets des cheminées de l'usine. Encore une fois, il est difficile pour un simple citoyen de les appréhender. Au milieu d'un document de 87 pages, mêlant, en petits caractères, symboles chimiques et textes en anglais, Rockwool présente ses chiffres dans deux tableaux. L'un comporte les valeurs dites atteignables sur lesquelles la société s'engage et l'autre les valeurs maximales, seuil réglementaire de l'industrie basé sur l'utilisation des meilleures techniques disponibles et qu'il ne faudra pas dépasser. On y découvre que toutes les étapes de la production de l'isolant en laine de roche entraînent des rejets polluants. Le produit, comme depuis le début du siècle précédent, est obtenu par une fusion à haute température. Les matières premières, des roches comme le basalte ou la dolomite et des sous-produits de la sidérurgie comme le laitier de hauts fourneaux, sont fondues à 1 500 °C dans un four. La lave obtenue est ensuite éclatée et transformée en fibres, auxquelles on ajoute un liant chimique pour les compacter sous forme de matelas. Ceux-ci sont ensuite cuits à 200 °C pour les durcir puis refroidis, découpés et conditionnés.

Les médecins ouvrent alors la longue liste des rejets inquiétants de ce processus. En haut de celle-ci on trouve les poussières, dont la multinationale danoise estime ses émissions à

173,46 tonnes par an[1]. Dans ces poussières, il faut compter les particules en suspension : les PM 10 de diamètre inférieur à 10 µm (microns) et les particules fines, les PM 2,5 de diamètre inférieur à 2,5 µm. Ces dernières, qui pénètrent en profondeur les poumons, sont classées cancérogènes par l'OMS et particulièrement dangereuses pour les personnes sensibles. « L'exposition chronique aux particules contribue au risque de développer des maladies cardiovasculaires et respiratoires, et des cancers pulmonaires », constate l'OMS. D'autant plus qu'elles ont des effets sur la santé à tous les niveaux de concentration. Voilà pourquoi l'agence tend à préconiser une exposition au seuil minimal possible. D'autant que l'usine pourra également émettre 255,36 tonnes par an d'ammoniac (NH3), un composé chimique irritant qui contribue aussi, selon l'Ademe à la formation de ces particules et aux pics de pollution au début de printemps. Les particules fines sont la cause première de la mortalité due à la pollution de l'air en France estimée par Santé Publique France à 48 000 morts par an, et jusqu'à 100 000 décès par an selon une récente étude de l'université de Harvard. Plus que les 75 000 morts par an liées au tabagisme.

Un autre polluant majeur de l'atmosphère, les oxydes d'azote (NOx), sera rejeté à hauteur de 151,2 tonnes par an. Ces gaz, qui dans l'air prennent la forme de dioxyde d'azote (NO2), peuvent toujours selon l'Ademe provoquer des troubles respiratoires chez les personnes à risque. Ils favorisent aussi la formation de pluies acides, de particules fines et d'ozone. Ils participent ainsi à l'effet de serre. Rockwool émettra également 21,5 tonnes

1. Les chiffres des émissions atmosphériques sont ceux fournis par Rockwool dans son dossier d'étude d'impact pour la demande d'autorisation environnementale. Ici ont été retenues les valeurs atteignables sur lesquelles l'entreprise s'engage et non les valeurs maximales autorisées, plus élevées.

par an de formaldéhyde. Classé cancérogène et mutagène avéré chez l'homme, il constitue un composé organique volatil (COV) des plus dangereux. Ces substances néfastes proviennent des hydrocarbures et se répandent très aisément dans l'atmosphère. Il s'ajoute aux 84 tonnes par an d'autres COV rejetés par l'usine, dont l'entreprise ne peut mesurer la dangerosité, avouant ne pas disposer de données pour les qualifier. Complètent encore la liste : 73,5 tonnes de dioxyde de soufre (SO_2), 38,3 tonnes de phénol et des métaux lourds comme l'arsenic ou le cadmium, du monoxyde de carbone, du sulfure d'hydrogène, de l'acide fluorique… En tout, ce ne sont pas moins de 813,81 tonnes par an de ces composés chimiques que Rockwool pourra rejeter, valeur sur laquelle la société s'engage, et 947,94 tonnes par an en valeurs maximales autorisées. Au total, 28 substances, dont près de la moitié sont classées cancérogènes ou potentiellement cancérogènes pour l'homme.

Pour se rendre compte de l'importance de certains rejets, il faut consulter, sur la base de données publiques Géorisques, le registre national des émissions polluantes, qui recense les polluants émis par les principales installations industrielles en France. Rockwool en 2020, à Saint-Éloy-les-Mines, était déjà le 6ᵉ émetteur national d'ammoniac (188 tonnes par an) et le 1ᵉʳ de la région Auvergne-Rhône-Alpes, le 4ᵉ émetteur national de phénol (5,5 tonnes par an). Une seconde usine ferait aussi d'elle le 4ᵉ émetteur national de formaldéhyde (Saint-Éloy-les-Mines n'en émet « que » 4,2 tonnes par an mais Rockwool estime ses rejets à 21,5 tonnes par an sur la zone du plateau). À titre de comparaison, Rockwool rejette plus d'ammoniac à Saint-Éloy-les-Mines que le site d'Arcelor-Mittal à Grande-Synthe[1], dans notre région, une des plus

1. Une moyenne de 245 tonnes par an pour Rockwool entre 2016 et 2020 contre 163 tonnes par an pour ArcelorMittal, selon Géorisques.

grosses aciéries d'Europe. Cette usine, censée lutter contre le changement climatique et fleuron de la réindustrialisation, pourrait faire partie, sur certaines catégories d'émissions, des plus polluantes de France.

Fin octobre 2020, un petit groupe de médecins élabore un manifeste pour mettre en garde la population soissonnaise contre des risques non maîtrisés et fait valoir le principe de précaution en matière de santé publique. En moins de quarante-huit heures, le texte recueille 29 signatures de généralistes, de spécialistes, pneumologues du Soissonnais. Aujourd'hui, il en compte plus de 80. Je suis impressionné car c'est un signal fort que la profession médicale se mobilise ainsi. À Illange, pas un médecin ne s'était prononcé. Rockwool, évidemment, conteste et affirme, chiffres à l'appui, que, d'après ses études, après traitement et dispersion, la concentration des polluants dans l'air ne dépassera aucun seuil réglementaire, ses émissions se situant souvent même largement en dessous de ces seuils. L'entreprise conclut que « le projet ne présente pas de risque sanitaire sur les populations environnantes et n'a qu'un impact très limité sur la qualité de l'air du secteur ». Comble de la logique industrielle, qui fait se dresser les opposants, la multinationale ajoute : « La bonne qualité actuelle de l'air du secteur est à préserver, mais le projet s'insère en milieu rural, dans un environnement favorable à la dispersion des polluants. » C'est justement car la qualité de l'air est bonne que nous souhaitons la conserver !

Fer de lance de la fronde des médecins, Maryse Vasseur, généraliste à Soissons, a été à l'origine du manifeste. Pour elle, même si les rejets sont sous les normes, le danger n'est pas écarté car les polluants les plus dangereux, les COV, le formaldéhyde et les métaux lourds sont des perturbateurs endocriniens. Ces substances qui modifient le fonctionnement du système hormonal peuvent agir sans effet de seuil et avoir des conséquences à des doses infinitésimales, selon l'INRS. Ils peuvent, par exemple, influer sur les gènes de l'embryon et être responsables de futures maladies. Enfin, la notion de recombinaison des polluants, le fameux « effet cocktail » qui aggrave leur toxicité, ou simplement la polyexposition ne sont pas évoquées par Rockwool. La vérité est qu'ils n'en savent rien, car ces effets ne sont pas pris en compte dans leur étude, tout comme de nombreux polluants échappent encore à la réglementation. C'est le cas des hydrocarbures aromatiques polycycliques (HAP), le « black carbon », ou les particules ultra-fines, plus petites qu'une bactérie, au diamètre égal ou inférieur à 1 micron (µm). Elles sont actuellement étudiées pour leur dangerosité, leur rôle dans l'aggravation des pathologies bronchiques et pulmonaires (asthme, BPCO, allergies), les atteintes cardiovasculaires, toutes sortes de cancers, l'autisme et l'Alzheimer.

Les médecins argumentent aussi que, si les concentrations de polluants dans l'air sont sous les seuils réglementaires, elles sont calculées sur une moyenne annuelle. Les chiffres sont lissés, mais ne prennent pas en compte la notion de pic d'émission. Quelle est la probabilité que surviennent des épisodes entraînant une surexposition aux polluants à certaines heures ou jours ? En outre, pour évaluer les concentrations de certains polluants comme les oxydes d'azote (NOx), Rockwool s'est appuyé sur les recommandations de l'OMS de 2005 : 40 µg/m³/an. Or depuis 2021 l'agence a divisé ce seuil par quatre. Selon les études de l'industriel, cette concentration de 10 µg/m³/an serait alors atteinte au plus proche de l'usine, mettant potentiellement les travailleurs de la zone du plateau en danger. Ils sont aujourd'hui plus de 500 et à terme plus de 1 000. D'autant plus que les mesures de Rockwool ne tiennent compte que des rejets estimés de l'usine, pas de la pollution déjà existante, ni de celle générée par son propre trafic routier, une centaine de poids lourds par jour plus les véhicules des salariés. La France fait d'ailleurs office de mauvaise élève de l'Union européenne (UE) dans la lutte contre les oxydes d'azote et a été condamnée par la Cour de justice de l'Union européenne en 2019 pour avoir dépassé « de manière systématique et persistante » la valeur limite annuelle fixée pour le dioxyde d'azote (NO2) depuis le 1er janvier 2010.

En bref, les risques pour la santé sont loin d'être écartés. Et, surtout, ce projet apparaît d'un autre temps alors que les objectifs de la transition écologique sont à la diminution des polluants avec notamment la mise en place depuis 2017 d'un Plan national de réduction des émissions de polluants atmosphériques (Prepa) qui prévoit, jusqu'à l'horizon 2030, des objectifs de réduction du SO_2, NO2, COV, NH3 et PM2,5. La Mission régionale d'autorité environnementale (MRAE), dans un avis du 3 juin 2020 sur le dossier Rockwool, préconise d'ailleurs de « prévoir le suivi de la qualité de l'air sur les paramètres phénol, formaldéhyde, H2S, NH3, PM10 et PM2,5 », mais sans objectifs ni sanctions en cas de dépassement. Elle reprend les réserves de l'Agence régionale de santé (ARS), qui avait, malgré ces dernières, donné un avis favorable au projet, le 29 novembre 2019.

Les services de santé de l'État semblent plus enclins à favoriser les industriels qu'à protéger les citoyens. Les ARS ne sont que des administrations chargées d'appliquer les politiques et normes en matière de santé, mais pas des instituts de recherche. L'amiante a été interdite plus d'un demi-siècle après les premières alertes sur sa dangerosité. Combien de temps pour le bisphénol A, le glyphosate, le chlordécone ? Les erreurs et les scandales ne manquent pas. Et les inquiétudes sont renforcées par la position de l'usine. En plus de sa proximité de Courmelles et Ploisy, le sens des vents dominants, qui proviennent en majorité du sud-ouest, la place en amont du village de Vauxbuin et à seulement cinq kilomètres de la ville de Soissons, tous deux dans une cuvette propice à la stagnation des polluants. N'est-ce pas une absurdité alors qu'historiquement les industries installées à Soissons, comme souvent en France, l'ont été à l'est ou au nord-est de la ville : la verrerie Verallia ou la sucrerie Tereos en attestent encore.

En mairie, quand je m'installe avec le commissaire enquêteur, je vois les participants affluer. L'enquête intéresse et c'est rassurant pour la vie civique de la commune. Au fur et à mesure des visites et des courriers, les contributions s'accumulent, atteignant rapidement le total de 200 puis 300. Les membres de Stop Rockwool continuent de fouiller le dossier. À s'en taper des migraines, confie Karen. Ils passent des week-ends et des soirées entières à essayer de comprendre ce pavé de chiffres. Karen est assistante sociale, ce n'est pas son domaine, mais chacun apporte ses compétences et sa bonne volonté. Thomas, éducateur et formé au développement durable, ne maîtrise pas le droit administratif, le Code de l'environnement. Alors il lit beaucoup, aussi par curiosité, et il fait marcher son téléphone : sans relâche il appelle ou contacte sur Facebook des associations, des spécialistes de l'environnement, des juristes, des personnalités qui pourraient soutenir la lutte. Des personnes très compétentes techniquement finissent par répondre et l'aider. Une avocate de l'association France Nature Environnement le renseigne sur les commissions de suivi de site (CSS) mises en place pour surveiller le fonctionnement des sites classés Seveso, comme l'usine Rockwool de Saint-Éloy-les-Mines.

Thomas découvre ainsi de nombreux rapports d'incendie dans les CSS. Il apprend aussi que, en mai 2019, la DREAL d'Auvergne-Rhône-Alpes avait menacé l'entreprise d'une mise en demeure pour un « problème récurrent en ammoniac et poussière de certains rejets canalisés ». Et le 6 mai 2020, la préfète du Puy-de-Dôme, constatant dans la région « des dépassements récurrents des valeurs réglementaires en oxydes de soufre, poussières et oxydes d'azote dans l'air ambiant » et que Rockwool en constituait un « émetteur important » a pris un arrêté pour prescrire des mesures de réductions d'émission à l'entreprise. Des éléments publics qu'il a pourtant fallu dénicher.

Yannick Champain, l'architecte, réalise des modélisations 3D de l'implantation de l'usine, en y ajoutant les panaches de fumée, qui manquaient à celles fournies par Rockwool. Il met aussi en ligne une vidéo prise avec un drone de la vue depuis la cheminée la plus haute de l'usine. Ces nouvelles images sont éloquentes. À mesure que l'étude du dossier avance, s'ajoutent aux craintes sur le volet sanitaire d'autres sur les volets environnemental et énergétique. D'abord les rejets de CO_2 de l'usine qui se porteront à 22 000 tonnes par an, équivalents aux émissions annuelles de 2 400 Français[1] ou à 8 800 allers-retours Paris-New York[2]. Une estimation qui n'inclut pas le surplus de trafic sur la RN 2 engendré par 100 poids lourds et 100 véhicules légers au quotidien. Ces poids lourds acheminent les matières premières nécessaires à la production de laine de roche : basalte, roches volcaniques, gabbro, dolomite, calcaire, bauxite, dont aucunes ne sont des ressources locales. Rockwool n'en connaît pas encore la provenance, mais envisage de les acheminer depuis un rayon de 400 kilomètres, à l'exception de la bauxite qui viendra de Grèce à 2 500 kilomètres. 80 % des poids lourds serviront à

1. Selon une moyenne de 9 tonnes d'équivalent CO_2 par personne, chiffres du ministère de la Transition écologique.

2. Sur une base de 2,5 tonnes de CO_2 par passager.

l'expédition des produits finis vers les marchés de la multinationale : le Bassin parisien et l'Europe centrale d'abord et, à moyen terme, la Belgique, les Pays-Bas et le Royaume-Uni. L'impact carbone total des opérations n'a pas été calculé.

Les chiffres du dossier révèlent encore un projet hautement énergivore. Les besoins en électricité sont estimés à près de 30 mégawatts. Soit 3,3 % de la puissance d'une centrale nucléaire. L'usine de laine de roche consommera 192 gigawatts/heure par an, l'équivalent de 85 000 Français[1]. Le réseau actuel n'étant pas suffisant, la création d'une nouvelle ligne électrique souterraine de 63 000 volts entre le poste électrique de Soissons-Notre-Dame et le site de Rockwool sera nécessaire. Cette ligne de 5 kilomètres passerait en plein cœur du hameau de Saint-Félix à Courmelles. C'est une partie du village qui comporte de nombreux logements et je redoute déjà les nuisances importantes liées à ces travaux que devront supporter les résidents. S'ajoutent des besoins en gaz naturel de 5 millions Nm^3 par an (normo mètres cubes), en GPL de 100 à 120 tonnes par an et en gazole de 56 000 litres par an.

L'usine sera également une consommatrice d'eau importante avec des besoins de 11 000 litres/heure. C'est l'équivalent de la consommation de 1 780 personnes[2], soit quasiment la population de Courmelles. Rockwool précise que 50 % de ses besoins seront assurés par la collecte des eaux de pluie, mais dans ses estimations elle s'appuie sur les données météorologiques de la station de Saint-Quentin entre 1980 et 2010. Ces chiffres, obsolètes, ne tiennent pas compte des récents effets du changement climatique sur le niveau de précipitations. Que se passera-t-il en période de sécheresse ou

1. Sur une moyenne de 2 223 kWh par an et par habitant (Datagouv).

2. Sur une moyenne de 148 litres d'eau par habitant par jour en France (Sispea).

d'épuisement de ses stocks d'eau de pluie si l'entreprise est obligée de prélever la totalité de ses besoins sur le réseau public. Nous sommes dans une région où il est largement sollicité. Et d'ailleurs la préfecture a exigé des entreprises très gourmandes comme Saica (papier) ou Tereos (sucrerie) de réduire leur consommation d'ici 2025.

Le projet, qui apparaît de plus en plus absurde, fédère les oppositions. Remontées, des associations de protection de l'environnement, comme Picardie Nature, rejoignent désormais les rangs des contre et scrutent le dossier. De nombreuses questions sont posées car la parcelle de la zone du plateau acquise par Rockwool se trouve à moins de 20 kilomètres de cinq sites Natura 2000. Le plus proche, le massif forestier de Retz, est à 8,5 kilomètres. Ce sont des zones protégées au sein d'un réseau écologique européen afin d'en préserver les espèces de faune et de flore qu'elles recèlent et qui sont jugées d'intérêt communautaire. À moins de 5 kilomètres se trouvent aussi 10 zones naturelles d'intérêt écologique, faunistique et floristique (ZNIEFF) identifiées pour leur caractère remarquable, mais qui ne bénéficient d'aucune protection réglementaire. Une d'entre elles, la vallée de la Crise, se trouve à cent mètres du projet.

La construction de l'usine entraînant la destruction de 13,6 hectares de friches prairiales et l'imperméabilisation de 10,4 hectares, que deviendront les animaux qui la peuplent ? Les abords du site sont fréquentés par deux espèces menacées d'oiseaux, le Tarier pâtre et la Bondrée apivore ainsi que cinq espèces de chauve-souris, dont trois sont inscrites dans la liste rouge des espèces menacées de Picardie. Ces dernières ont été estimées à 650 individus dans un rayon de 5 kilomètres. Bien plus, le terrain d'assiette de l'usine abrite des dizaines d'espèces protégées d'oiseaux, que l'étude d'impact de l'industriel a d'ailleurs été obligée de recenser. Je vois régulièrement ces chauves-souris autour de ma ferme, lorsqu'elles vont chercher un peu de fraîcheur dans l'ancienne carrière qui se trouve sous ma cour.

Il aura fallu la motivation et le temps des bénévoles, les membres de Stop Rockwool, les médecins, les associations, pour mettre le dossier à plat. Un dossier dans lequel, pourtant, tout est fait pour perdre les néophytes. Mais leurs conclusions sur le projet sont limpides. Cette future usine présente trop de risques pour la santé et l'environnement.

Le 28 octobre, c'est en plein milieu de l'enquête publique qu'Emmanuel Macron annonce le deuxième confinement. Les attestations de sortie et le couvre-feu sont de retour, mais cela ne semble pas démotiver les citoyens qui se présentent en mairie. Toutefois pour pallier ces aléas, l'enquête est prolongée de quinze jours et des permanences supplémentaires du commissaire enquêteur sont organisées. Dans la foule des observations qui lui remontent, les inquiétudes sur la santé et la pollution sont majeures. « Habitant Soissons qui se trouve dans une cuvette, je crains beaucoup les retombées de particules », « La qualité de l'air atmosphérique pose également la question de la santé future de nos enfants », « Nous sommes au XXIe siècle, les gens ne veulent pas sacrifier leur santé pour un matériau qui est déjà dépassé ! », ou encore : « Dans une période où l'on parle tant de développement durable, comment considérer une telle installation comme symbole d'un avenir radieux, voire d'un simple avenir ? » Viennent aussi des remarques sur les nuisances de l'implantation. Avec ses cinq cheminées entre 20 et 47 mètres, difficile de croire à un impact visuel minimal, comme le laissent voir les modélisations du dossier d'insertion paysagère fourni par Rockwool. On pourrait en rire si ce n'était pas aussi dramatique. Tous les bâtiments de l'usine dont aucun panache de fumée ne sort sont cachés derrière les arbres. Ils sont invisibles. À croire qu'on a planté des baobabs ou des séquoias pour qu'ils arrivent quasiment à la hauteur des cheminées.

« On ne va pas résoudre le chômage avec ces emplois à Soissons, mais plutôt ternir l'image visuelle et environnementale de la ville », « Cette usine présenterait en premier lieu une pollution visuelle et sonore qui enlèverait tout charme à ce village », écrit une habitante de Berzy-le-Sec. Les riverains expriment aussi la crainte d'une baisse de la valeur immobilière dans la région, surtout ceux qui viennent d'acheter. Quel sera l'impact de l'usine sur le tourisme, et les effets de la pollution sur les monuments historiques de la ville, les vieilles bâtisses et les vestiges de la Première Guerre mondiale ? La hausse du trafic alarme également : « L'usine impliquerait un ballet de dizaines, voire de centaines de camions, sur la N2. Le trafic camion est déjà très intense », « Je voudrais savoir si Rockwool envisage d'aider le département financièrement dans la réfection des routes empruntées par les 100 camions par jour, ces routes sont déjà abîmées », lit-on dans les observations.

Du côté des pour, beaucoup moins nombreux, c'est évidemment l'emploi qui est l'argument majeur en faveur de l'arrivée de la multinationale : « Cela est une chance pour notre ville et notre agglomération d'avoir des investisseurs industriels qui s'implantent dans notre bassin économique », ou : « Dans un bassin qui a vu disparaître un nombre considérable d'emplois industriels (où sont les usines BSL, Wolber, Berthier, Zickel, Trailor, SGF… de mon enfance ?), le recrutement de 150 salariés par l'entreprise et la probable création du double en emplois induits sont plus qu'une bouffée d'oxygène pour le Soissonnais si durement touché par le chômage dans toutes les tranches d'âge depuis des décennies. »

Le commissaire enquêteur reçoit ainsi des centaines de lettres. Des courriers factuels, documentés, révoltés, émus, plein d'espoirs ou de colère. Les voix d'une population qui prend à cœur de participer à ce débat, maintenant que se dessine la réalité du projet Rockwool.

Chapitre 5

Comme un empereur qui contemple les prises de son armée sur le champ de bataille, Xavier Bertrand, le président de la région Hauts-de-France, se rend à Courmelles voir les terrains vendus à Rockwool. Nous sommes le 8 octobre 2020, une semaine avant le début de l'enquête publique et je le rencontre pour la première fois. Il fait le tour des chantiers de Soissons le matin, puis visite les entrepôts du logisticien Houtch sur la zone du plateau, entouré de sa garde rapprochée et de ses fidèles, parmi lesquels le maire de Soissons. N'ayant pas envie de servir de faire-valoir à sa communication politique, j'ai d'abord hésité à être présent, puis je me suis dit que cela faisait partie de mon rôle de maire.

Xavier Bertrand me questionne sur mes projets pour la commune puis aborde le sujet de l'usine. Il vante un projet bien mieux engagé qu'en 2008, date des premières velléités d'installation de la multinationale. Puis il tente rapidement de calmer mes appréhensions sur la pollution, en faisant le récit de sa visite au Danemark, impressionné par l'entreprise. Selon lui, il ne faut pas s'inquiéter car les Danois sont soucieux de l'environnement. Ils ont même des salles de repos pour les chauffeurs poids lourds. Un véritable syllogisme : Rockwool est danois, les Danois sont soucieux de l'environnement, donc Rockwool est soucieux de l'environnement.

On touche vite les limites de ce raisonnement. Une sorte de *greenwashing* magique qui opère grâce à la bonne réputation du pays.

Hormis cette visite, Xavier Bertrand, responsable politique de premier plan, s'est montré discret jusqu'à présent, soutenant le projet de loin. Peut-être pour rester au-dessus de la mêlée et éviter la fronde des opposants, mais il est attendu au tournant. Sa contribution à l'enquête publique finit par arriver par courrier dans ma mairie. Dans cette lettre, plutôt courte, il se félicite des emplois promis et des garanties de l'entreprise sur la santé et l'environnement. L'exercice convenu interpelle toutefois lorsqu'à la fin de son texte le président de Région vante l'innovation technologique de Rockwool, qui remplace son four à charbon (coke) par un four électrique n'émettant pas de CO_2. Sans vérification ni réserve, Xavier Bertrand reprend la communication de la multinationale. Cette « innovation », l'entreprise l'emploie depuis 1996 à Saint-Éloy-les-Mines ainsi que sur d'autres sites en Russie et au Canada. Et quant à l'absence de CO_2, c'est au mieux une exagération, au pire une contre-vérité. Car même si les émissions du seul four sont réduites, elles ne sont pas nulles et l'ensemble du process générera 22 200 tonnes de CO_2 par an.

Une telle légèreté surprend alors que Xavier Bertrand, quelques mois plus tôt, a été reçu par les dirigeants de la firme à Copenhague. Mais peu importe, car le projet sert aussi ses intérêts politiques. À cette période, Xavier Bertrand est en pleine précampagne. Il vise la réélection aux régionales de 2021, qu'il voit comme un tremplin pour sa candidature à l'élection présidentielle de 2022 dont il s'imagine déjà au second tour. La réindustrialisation est un de ses fers de lance et la région un laboratoire de ses ambitions pour le pays. L'arrivée de la multinationale à Soissons serait sûrement une belle médaille à son palmarès.

Derrière les prises de position des responsables locaux se cache un agenda politique, qu'il soit teinté de conviction ou de clientélisme. Leurs discours semblent déjà entendus. Ainsi dans les contributions à l'enquête publique d'Olivier Jacob, chef d'entreprise et président de la chambre de commerce et d'industrie de l'Aisne, de Jean-Marie Carré, l'ancien président de l'agglo, ou d'Alain Crémont, son actuel président, les mêmes mots-clés résonnent : « renouveau industriel et chance pour le territoire », « emploi », « marché de l'isolation en croissance ». La même confiance affichée dans les normes encadrant les implantations industrielles et la même nostalgie pour l'époque des fleurons du Soissonnais. Les noms Trailor, BSL, Berthier, Wolber prennent presque une dimension mystique. La promesse de l'emploi salvateur, qui prend la forme d'un chantage, est quasiment le seul argument des pour. Il semble imparable, car il paralyse les responsables politiques. Personne n'ose s'y attaquer de peur de perdre des soutiens parmi ses électeurs.

Selon moi, c'est l'enjeu de cette bataille : il faut avoir le courage de démonter l'argument, et un nouveau collectif, qui s'est constitué contre Rockwool, Sauvons Soissons, compte bien s'en charger. Ces habitants de Rozières-sur-Crise, un petit village proche de Courmelles, étonnent par leur profil, loin du cliché des militants écologistes un peu hippies qu'on peut imaginer dans ce type de combat. En effet, le président de Sauvons Soissons, Ludovic Castillo, est lui-même chef d'entreprise, président du directoire d'Altarea Commerce, un groupe de gestion de centres commerciaux. Louise Kessler est économiste et spécialiste du développement durable ainsi que directrice du programme économie de l'Institute for Climate Economics. Martin Kessler, le trésorier, est conseiller en stratégie. Ces spécialistes, issus du monde de l'entrepreneuriat, font le constat que cette usine, en plus d'être antiécologique, n'est même pas un bon projet en termes d'emploi. En effet, sur les 130 postes ouverts, Rockwool cherchera 60 opérateurs qualifiés ou hautement qualifiés, des profils qui ne correspondent pas au bassin de talents du Soissonnais. Une telle usine nécessite des pilotes de ligne et les filières techniques locales n'en forment pas. Rockwool proposera en majorité des postes à un niveau supérieur au bac, voire des bac + 2. Pourtant, si on regarde les données de Pôle Emploi : sur les 4 200 demandeurs d'emploi inscrits à Soissons, à peine 20 % ont un niveau supérieur au bac. Les salariés ne viendront donc pas nécessairement de la région. Une partie des cadres sera d'ailleurs probablement transférée du site de Saint-Éloy.

Ce ne sont pas nécessairement les postes qui manquent à Soissons, puisque Pôle Emploi y compte actuellement plus de 600 offres non pourvues. Mais un véritable problème est l'inadéquation entre les offres et les qualifications des demandeurs. À cela, Rockwool n'y fera rien.

Alors que 40 précieux hectares de terrain vont être artificialisés pour le projet Rockwool, il me semble essentiel de questionner le ratio emploi et hectares. Pour la multinationale, c'est encore un point noir. Sur la zone du plateau, il y a actuellement une dizaine d'entreprises et plus de 600 salariés. Un des plus gros employeurs de la zone, Wicona, un fabricant de profilés en aluminium, emploie un effectif de 200 personnes sur 7,5 hectares. Soit 26,6 emplois à l'hectare. La plateforme logistique Concerto, qui prévoit de s'implanter, compte créer 350 emplois sur 12 hectares, soit 28,6 emplois à l'hectare. Du côté de Rockwool et ses 130 emplois sur 39 hectares, le ratio n'est que de 3,33 emplois à l'hectare, huit fois moins que Concerto. Dans l'objectif de rentabiliser l'espace de la zone, il semble facile de trouver un autre projet qui amènera plus d'emplois sur une même surface.

Dans son étude d'impact présentée lors de l'enquête publique, Rockwool fait également valoir entre 300 et 400 emplois indirects. L'entreprise s'appuie sur les calculs d'Utopies, un cabinet de conseil en stratégie de développement durable. De jolis schémas et camemberts que l'entreprise avait déjà présentés au public lors des premières réunions. Des chiffres comme arme de conviction. Mais si on y regarde de plus près, ces emplois indirects sont essentiellement représentés par ses fournisseurs. Des estimations de 125 emplois dans la logistique et les transports, 60 dans les services support aux entreprises et 35 dans le consulting. Reste à savoir si ces emplois profiteront à la région. Les transporteurs, par exemple, peuvent venir de toute la France, voire de l'étranger. Le cabinet n'arrive d'ailleurs qu'au chiffre de 100 emplois indirects dans le Soissonnais.

Ces cabinets de conseil n'hésitent pourtant pas à agiter des chiffres mirobolants en calculant les « emplois induits ». Ainsi Rockwool promet plus de 1 089 emplois à travers la France, en prenant en compte la consommation des salariés ou des sous-traitants. Dans ce jeu d'esbroufe, jusqu'où ira l'entreprise ? On va comptabiliser comme emploi l'agent du fisc qui enregistre les déclarations des futurs salariés ? Ou cela s'arrête-t-il ? À ce rythme, Rockwool générera bientôt assez d'emplois pour 67 millions de Français.

Parmi les rares élus locaux de premier plan à s'opposer au projet, un soutien important vient de Marc Delatte, à l'époque député LREM de la 4e circonscription de l'Aisne. Issu de la société civile, ce médecin a débarqué à l'Assemblée avec la première vague En Marche. Le 29 octobre 2020, il écrit un courrier au directeur général de Rockwool et lui propose d'adapter son process industriel aux enjeux climatiques en se tournant vers des isolants écoresponsables issus de l'agriculture, comme le chanvre ou le lin. Il met d'ailleurs en avant le fait que, dans le plan de relance de 100 milliards d'euros annoncé par le président Macron après la première vague du Covid, 30 milliards sont dédiés à la transition écologique et peuvent bénéficier à des entreprises qui verdissent leur outil productif. Avec François Leroux, le maire de Ploisy, qui est lui aussi agriculteur, nous le soutenons dans cette démarche. La culture du chanvre, pour créer de l'isolant, peut être une bonne alternative alors que notre filière agricole locale, la betterave, traverse des difficultés. Cette proposition vaudra une réponse ironique d'Alain Crémont sur Twitter, qui fustige : « Un député à ce point déconnecté de la réalité économique et ignorant des stratégies industrielles. Demander à Rockwool de revoir son projet pour produire des isolants à base de chanvre, c'est comme demander à Verallia (une entreprise soissonnaise d'emballage en verre) de recycler du plastique. » Une suggestion si absurde qu'un concurrent majeur de Rockwool, Saint-Gobain, qui produit laine de roche et laine de verre, s'est aussi lancé dans l'isolation en fibre de bois et en liège expansé…

C'est lors de cette période de tensions qu'un jour en mairie m'est déposé un courrier pour le moins inquiétant. Je prends en main la lettre manuscrite, sur une feuille à carreaux, et y découvre des menaces de mort. Elles proviennent d'un homme, qui, sous un pseudonyme, se dit habitant de Presles, un des quartiers prioritaires et défavorisés de Soissons. Il dit s'exprimer au nom des enfants d'immigrés au chômage touchés par mon opposition à Rockwool et écrit : « Nous te disons avec fermeté que cette usine doit ouvrir. » Et malgré les fautes d'orthographe, je lis distinctement : « N'arrivons pas à ce malheur du 16 octobre à Conflans-Sainte-Honorine, nous savons où te trouver. » Cette lettre me saisit d'effroi. Elle arrive trois jours après l'assassinat de Samuel Paty et y fait référence. Toute la France est encore sous le choc. Mon équipe à la mairie, adjoints et secrétaires, se met à paniquer, mais avant de perdre notre sang-froid il faut prévenir les gendarmes et porter plainte. La lettre de menaces semble peu cohérente, mais il s'agit peut-être d'un homme dangereux. Je ne suis pas d'un naturel inquiet, mais je pense à ma famille, à mes enfants : nous vivons dans une ferme, ouverte et isolée, et je ne suis pas tout le temps présent.

Pendant plusieurs semaines, je ne parviens pas à fermer l'œil de la nuit. Je gamberge et me demande s'il s'agit d'un canular, d'une manipulation ou d'un illuminé, mais je finis par me raisonner. Mon expérience du foot me fait dire que, comme sur le terrain, le joueur qui te menace ne passe jamais à l'action. Chien qui aboie ne mord pas. L'histoire finit par se tasser. Ce n'est pas ce bout de papier qui me fera abandonner. Ces attaques contre les élus de terrain sont devenues malheureusement monnaie courante ces dernières années, entre agressions, menaces de mort, harcèlement sur les réseaux sociaux. Notre accessibilité fait de nous des cibles privilégiées.

Mais, même factices, certains passages de cette lettre sonnent juste. Presles est le quartier le plus pauvre de Soissons avec une grosse cité et compte un tiers des chômeurs de la ville. Et si l'on considérait comme sincères ces propos : du travail pour nos enfants ? J'aurais envie de répondre à l'auteur que la majorité des emplois proposés par Rockwool, qui demandent des qualifications spécifiques, ne profiteront malheureusement pas aux quartiers. Mais la demande des gens en souffrance est légitime et compréhensible. Je l'entends. Or Rockwool ne sauvera pas tout le monde, à peine quelques personnes, et ce au détriment de leur santé. Ce n'est pas un nouveau BSL avec plus de 1 000 salariés. C'est douloureux de s'entendre dire qu'on est contre l'emploi car on est opposé à ce projet. Cet argument, c'est de la paresse intellectuelle.

Au contraire, nous souhaitons un meilleur projet avec plus d'emplois.

Alors que l'enquête publique approche de sa fin, un message étrange parvient aussi au commissaire enquêteur. Il débute ainsi : « En réponse au mail adressé par M. Alain Crémont, il est évident que, étant chef d'entreprise mais aussi citoyen, je ne peux qu'être favorable à un tel projet. » Cette lettre de soutien laisse entendre qu'elle répond à une sollicitation du président de l'intercommunalité. À ce moment-là, les contributions comptent une grande majorité d'avis défavorables. Les partisans du projet tenteraient-ils de mobiliser les troupes ? Dans les jours qui suivent, plusieurs avis favorables émanant de chefs d'entreprise, reprenant tous les mêmes thèmes, arrivent sur le bureau du commissaire enquêteur. Des méthodes qui questionnent.

L'enquête publique touche bientôt à sa fin et la vie démocratique aura battu son plein pendant près d'un mois et demi. Il est temps pour Courmelles de se prononcer également. Le projet d'usine étant soumis à une évaluation environnementale et à l'obtention d'une autorisation environnementale, l'avis des collectivités territoriales concernées est en effet requis. Je réunis mon conseil municipal, fort de la connaissance du dossier que nous avons acquise. Après discussion et à l'unanimité, y compris les conseillers de l'opposition, nous votons un avis défavorable au projet. Il reflète pour nous les préoccupations des Courmellois qui se sont exprimés. Nous rappelons tous les éléments d'inquiétude évoqués, le signal d'alarme des médecins et les risques sur la santé, l'impact sur les paysages, le cadre et la qualité de vie ou la valeur des biens immobiliers, le faible taux d'emploi à l'hectare par rapport à l'enjeu écologique ; les nuisances sonores et olfactives, l'impact sur la faune et la flore. Cet avis rejoint celui de différents conseils municipaux de villages alentour, Ploisy, Chaudun et Saconin-et-Breuil, tous contre le projet. De son côté, le conseil municipal de Soissons vote, lui, son soutien à l'arrivée de l'usine. Les camps sont dessinés.

Le dernier jour de l'enquête, pour ne pas être taxé d'influencer son cours, je dépose enfin ma contribution. Je rappelle toutes les inquiétudes évoquées et soulève un point qui semble avoir échappé à tous. Si je suis désigné comme le riverain le plus proche du terrain de Rockwool, jamais n'est évoquée la présence de l'aire de grand passage, qui elle jouxte la propriété de l'industriel. C'est comme si les gens du voyage qui l'occupent de mars à octobre n'existaient pas. L'aire dépend pourtant du volet de l'habitat pour l'agglo. Et ces habitants-là sont considérés comme des sous-citoyens. Ils seront les premiers à souffrir des rejets et des nuisances. Il y a parmi eux des enfants, des personnes âgées. Pour eux, pas une ligne dans les 1 200 pages du dossier de demande d'autorisation. Rien de bien étonnant, malheureusement, quand on sait que plus de la moitié de ces aires en France se trouvent près des sources de pollution, usines, déchetteries, voies d'autoroute. Un racisme environnemental, comme le dénonce William Acker, un juriste issu de la communauté des gens du voyage, qui a récemment recensé ces aires.

Pour la santé de tous les habitants du Soissonnais, je pense que le principe de précaution doit être appliqué. Je ne suis pas médecin, mais je parle d'expérience. Quand j'ai démarré le métier d'agriculteur dans les années 1980-1990, le glyphosate était présenté comme un produit miracle, peu coûteux, efficace et totalement inoffensif. J'ai même vu un représentant en boire un verre pour me le prouver. Trente-cinq ans plus tard, sa dangerosité est avérée. Il y avait pourtant des signes alarmants. Dans mon groupe d'amis agriculteurs, nous avions remarqué que de plus en plus d'enfants naissaient avec des becs-de-lièvre. Le rapport de cause à effet avec les traitements ne faisait pas de doute. Et ce n'était pas que le glyphosate, le modèle agricole entier reposait sur les produits phytosanitaires. Nous avons utilisé largement des engrais et insecticides aujourd'hui interdits, comme le parathion, le diméthoate ou le lindane, un produit également utilisé contre les poux.

J'ai épandu de l'atrazine, un désherbant interdit en 2003. Très bon marché et efficace dans les champs de maïs, il s'est avéré cancérigène et a fini par polluer les nappes phréatiques. Les eaux de Bretagne, où il était très utilisé, restent encore contaminées. Car on ne répare pas une erreur de quarante ans en quelques années. Moi-même, je crains que les produits que j'ai utilisés n'aient des effets sur ma santé. Mais je me dis que ce qui doit arriver arrivera. À l'époque j'avais la main, aujourd'hui je ne l'ai plus.

Ces erreurs, je ne souhaite pas les revivre avec l'usine Rockwool. La recherche scientifique sur les risques sanitaires a toujours du retard sur l'industrie et l'utilisation des produits. Et si dans cinq, dix ou vingt ans, on comprenait que les particules fines, les composés organiques volatils ou le formaldéhyde nous ont empoisonnés à petit feu, combien de temps s'écoulera avant qu'on ne mette l'usine à l'arrêt ? Le glyphosate, lui, reste toujours commercialisé et utilisé quarante ans après. Connaissant l'inertie des industriels et des pouvoirs publics, je sais qu'en attendant les riverains subiront. Alors bien sûr, il sera facile de me renvoyer l'ascenseur, de me caricaturer en pollueur, et de me dire, comme certains élus, qu'il est aujourd'hui facile de faire valoir le principe de précaution alors que les agriculteurs ont empoisonné la région pendant des années. Au contraire, je partage mon expérience car j'étais de l'autre côté de la barrière. Je le regrette, mais le mal est fait. J'ai utilisé un produit qu'on a mis à ma disposition en garantissant qu'il était inoffensif, dans les normes.

Ces mêmes normes derrière lesquelles les responsables politiques s'abritent aujourd'hui pour écarter les questions sur les rejets de Rockwool.

Pour autant, la caricature inverse n'est pas vraie. Je ne suis pas un ange vert. Je cultive des céréales, des pommes de terre, des betteraves à sucre, des tournesols, du colza en agriculture raisonnée, pas en bio. J'aimerais aller vers un système de production plus raisonné sans aucun engrais de synthèse ni pesticides, mais il y a peu de solutions alternatives et elles coûtent cher. Malgré tout, il y a eu des progrès de faits, surtout dans les précautions d'usage de ces produits toxiques. J'ai pu bénéficier d'une formation Certyphyto pour avoir le droit de les utiliser de façon sécurisée. Aujourd'hui, cela reste une équation douloureuse : en mettre un peu et arriver à se nourrir ou ne rien mettre et s'exposer au risque de perdre sa récolte ? Le schéma idéal n'existe pas. Il y a ce dont on rêve et ce qu'on peut mettre en application.

Mais d'autres voies sont possibles. Mon fils Augustin en est l'exemple. Après sa licence de gestion, il ne se voyait pas finir dans la banque ou l'assurance. Il a mûri son projet et s'est dit que le travail de la terre lui conviendrait. Avoir sa liberté, vivre en plein air. Lui ne souhaite pas devenir agriculteur mais maraîcher. Il voit que nous arrivons à la fin du modèle productiviste dans lequel je me suis lancé dans les années 1990. Il a commencé par produire des légumes sur une petite surface, une approche très différente de la mienne. Ce n'est pas ce que j'avais imaginé pour lui il y a vingt ans, mais ce serait criminel de ma part de l'en dissuader. Sa génération décidera de l'avenir de nos professions. Une chose est sûre, Augustin ne souhaite pas démarrer son activité au pied d'une usine polluante. Je conclus d'ailleurs ma contribution en souhaitant une économie responsable et plus vertueuse en matière d'environnement pour nos enfants.

À la clôture de l'enquête, le commissaire a reçu 188 visites et récolté 47 observations sur ses registres, 142 courriers et 360 mails, soit 549 contributions au total. 85 % d'entre elles émettent un avis défavorable à l'implantation de l'usine. C'est un record de participation, sachant que les dernières enquêtes publiques locales qui concernaient des projets éoliens ont rassemblé entre 30 et 50 observations. Finalement, c'est un beau moment de démocratie où chacun a joué le jeu, j'ai fait ma part en demandant aux gens de participer et ils se sont déplacés, de Courmelles et de tout le Soissonnais : ils ont posé des questions, émis des remarques diverses et variées, pertinentes ou impertinentes, avec leurs mots à eux, majoritairement pour dire qu'ils ne voulaient pas de cette usine. Une belle victoire pour les opposants. Maintenant ils doivent être entendus. La société Rockwool doit répondre aux questions soulevées et les conclusions du commissaire enquêteur seront scrutées très attentivement.

Chapitre 6

Qu'ont en commun le centre d'enfouissement des déchets nucléaires de Bure dans la Meuse, la mine de la Montagne d'or en Guyane ou l'aéroport de Notre-Dame-des-Landes ? Tous ces projets, parmi les plus contestés sur le territoire français, ont obtenu un avis favorable à l'issue de l'enquête publique. Dans le département, l'extension de la décharge d'Allemant gérée par Suez combattue par les écologistes avait connu le même sort.

Le 27 décembre 2020, en pleine trêve des confiseurs, le site de la préfecture publie les conclusions du commissaire. J'ouvre l'ordinateur sans espoir, mais mon souffle se coupe instantanément. Je n'en crois pas mes yeux ! Avec quelques jours de retard, c'est un véritable cadeau de Noël qui nous est offert. Contre toute attente, Jean-Quentin Delval a émis un avis défavorable à la construction de l'usine.

La nouvelle se répand comme une traînée de poudre. Une grande partie de la population se réjouit. Tout le monde en reste bluffé. Forcément, le territoire est petit et j'avais eu des échos de ceux qui avaient côtoyé le commissaire lors de ses précédentes enquêtes sur des projets éoliens. Tous validés malgré l'opposition des riverains. J'étais certain que son avis serait favorable, au mieux assorti de quelques réserves. Mais non, il nous prend tous de court. Passé la surprise, c'est la célébration d'une première victoire pour les opposants.

Alors qu'on lui promettait la défaite, la petite équipe arrache le but à la dernière minute et se qualifie. C'est aussi une preuve que l'exercice démocratique peut fonctionner et que le commissaire a écouté les citoyens. Comme un soir de finale, je jubile. Peut-être pour la première fois depuis le début de l'affaire, nous croyons sincèrement que nous pourrons arrêter la construction de cette usine. Nos efforts ont payé, même s'il ne faut pas baisser la garde.

Dans ses conclusions, le commissaire a rejoint nos arguments. Selon lui, les désavantages du projet l'emportent sur ses avantages. D'abord, c'est évident à la lecture des avis exprimés, Rockwool n'est pas le bienvenu dans la région. Or le taux d'acceptation de la population est un critère essentiel, et il n'est pas rempli ici. D'autant que l'information du public a été faussée selon lui. Avec ses simulations, faites à faible distance et sans fumée, Rockwool a présenté une version idéalisée de l'intégration paysagère de l'usine.

Sur l'emploi, le commissaire modère également l'argument majeur des partisans. Les 130 emplois créés ne peuvent pas constituer un facteur déterminant quand il reste au même moment 625 postes non pourvus au Pôle Emploi de Soissons. Il abonde donc dans notre sens et met au jour les fausses promesses sociales de Rockwool ; défendre ce projet, ce n'est pas défendre l'emploi. Le commissaire questionne encore le lieu d'implantation, « en amont d'une vallée avec les vents dominants sur cette dernière ». Il préconise au pétitionnaire de réétudier les données météorologiques locales en tenant compte des effets d'inversion thermique qui maintiennent les polluants dans la vallée durant les mois d'automne et d'hiver. Et surtout, il considère que l'évaluation incertaine des compositions et des effets des rejets de l'usine laisse subsister des « risques non maîtrisés, qui ne respectent pas le principe de précaution qui doit prévaloir en matière de santé publique ».

L'argument est de poids et rejoint les alertes étayées des médecins locaux.

Pas plus convaincu par le volet environnemental, Jean-Quentin Delval constate que Rockwool n'est pas en mesure de donner un bilan carbone de son activité de transport alors que les rejets de CO_2 de son process sont déjà importants. Il juge non négligeable l'augmentation du trafic de 2,2 % sur la RN2 et 25 % sur la départementale 172, qui engendrera une augmentation des émissions de polluants atmosphériques et de gaz à effet de serre. Les gros besoins énergétiques de l'usine font également pencher négativement la balance. D'autant que l'étude sur l'eau de Rockwool ne prend pas en compte la baisse continue de la pluviométrie et les épisodes de sécheresse fréquents ces dernières années. En août 2020, le préfet avait dû restreindre l'usage de l'eau de 179 communes de l'Aisne dont Soissons. Les industriels ont également dû limiter leur consommation au strict nécessaire.

Jean-Quentin Delval compare les besoins en électricité de l'usine de 192 GWh/an à ceux des entreprises locales de 108 GWh/an et constate que la consommation énergétique finale de l'usine Rockwool sera de 1,8 fois celle de toutes les industries de l'agglomération soissonnaise. Un chiffre clé et choquant par son énormité. C'est parfaitement inopportun alors que les temps sont à la sobriété énergétique.

Pour clore son argumentaire, le commissaire enquêteur fait référence à un événement auquel j'ai assisté. Le 27 novembre 2020, juste à la fin de la dernière permanence, j'avais reçu en mairie deux courriers d'Ingerop, le bureau d'études maître d'œuvre sur le projet de Rockwool, m'informant qu'ils prévoyaient d'ici quatre mois de lancer les travaux sur deux parcelles de la zone achetées par la multinationale. Comment est-il envisageable de réaliser des travaux alors même que ni le permis de construire ni l'autorisation d'exploitation n'ont été accordés ? Jean-Quentin Delval se questionne. À mon avis, ces lettres ont pu faire basculer sa décision au dernier moment. La multinationale danoise, sans aucun doute sur l'issue du processus, anticipe et veut déjà s'installer. Cela montre son mépris pour l'enquête publique, pour les citoyens et pour le travail du commissaire. Il a certainement pensé qu'on se moquait de l'avis qu'il rendrait au final.

La période des fêtes n'est pas que réjouissances, car toute la famille, moi y compris, est contaminée par le Covid. Alors que je suis complètement sonné sur le canapé, nous fêtons le réveillon *a minima* et je ne retourne en mairie qu'au début du mois de janvier. Il faut préparer la suite. Bien sûr, cette issue est exceptionnelle dans tous les sens du terme. Rarissime, car seulement 3 à 4 % des enquêtes publiques débouchent sur un avis défavorable. Or, bien qu'inespéré et courageux, cet avis n'est qu'une première étape. L'enquête publique n'a pour fonction que d'éclairer le préfet, chargé de statuer sur la demande d'autorisation environnementale permettant d'exploiter l'usine, et moi-même, chargé de statuer sur la demande de permis de construire. S'agissant du préfet, il pourrait très bien n'en faire aucun cas et piétiner cet exercice démocratique. Mais si les 85 % d'opposants ne sont pas entendus, la consultation se transformera en mascarade.

Le dossier de permis de construire trône toujours en mairie. D'ici deux mois, en mars 2021, le délai pour répondre à la demande de Rockwool arrivera à son terme et je devrai me prononcer. Les cartes sont entre mes mains, du moins c'est ce que j'imagine. La mairie de Courmelles a le choix de déléguer l'instruction du permis à la communauté d'agglomération. Charge à ses services de rédiger et de me préparer un arrêté clé en main auquel je n'aurai plus qu'à apposer ma signature. Ce système a pour but de faciliter la tâche aux maires de petites communes, qui ne disposent pas d'un service juridique, ni des compétences techniques en matière d'urbanisme. Une bonne chose en soi, mais qui pose ici problème. C'est l'agglo, le premier artisan de la venue de Rockwool, qui instruira donc cet arrêté municipal, se retrouvant juge et partie. Il ne fait aucun doute qu'elle répondra favorablement à la demande de Rockwool. Et, bien entendu, les représentants du GrandSoissons me pressent pour que j'entame ces démarches.

À nouveau, je me sens piégé. Les destinées de notre village vont nous échapper. Alors que la population s'y oppose, que mon conseil municipal s'est prononcé contre à l'unanimité et que le commissaire enquêteur vient de rendre un avis défavorable, je devrais laisser faire et signer un permis de polluer ? Impossible. Je me révolte. Il n'est pas question que mon nom figure en bas de ce papier. Ce serait contraire à mes valeurs de maire, d'homme, une trahison envers mes administrés, mes amis, ceux avec qui j'ai grandi ici.

L'alternative est de rédiger seul l'arrêté, mais la démarche est risquée. La mairie s'expose invariablement à ce que l'industriel conteste la décision devant le juge. Pour éviter d'être taxé d'excès de pouvoir, l'argumentaire devra donc être rédigé de manière exemplaire. C'est pourquoi peu de maires de petites communes s'aventurent au combat contre des entreprises disposant d'une armée de services juridiques. Si je m'engage dans cette voie, il faudra que je puisse avoir l'assurance qu'en cas de recours contentieux ultérieur, la commune sera défendue. L'idée se concrétise lorsque Ludovic Castillo, le chef d'entreprise président de l'association Sauvons Soissons, me recommande une avocate parisienne susceptible d'intervenir si Rockwool ou même le préfet devaient contester en justice mon arrêté. Une spécialiste du droit de l'urbanisme. Le cabinet est saisi pour analyser la demande de permis et assister la commune dans le cadre de la rédaction de l'arrêté et en cas de recours. Rassuré, je me remets au travail.

Ainsi assisté, j'épluche à nouveau les documents et je relève alors méthodiquement des incompatibilités entre le projet de l'industriel et les règles d'urbanisme ; mais aussi – le projet étant soumis à évaluation environnementale – les règles protectrices de l'environnement. C'est ce qu'il est demandé au maire d'apprécier. En particulier, le plan local d'urbanisme de la commune n'autorise les établissements industriels qu'à condition qu'il ne subsiste pas de risques ou de nuisances graves pour leur voisinage. Or, en se plongeant dans l'étude d'impact de l'industriel, on peut relever un point que le commissaire enquêteur avait d'ailleurs déjà souligné : l'industriel y écrit noir sur blanc que l'évaluation des risques sanitaires à laquelle il a procédé est basée sur des hypothèses assorties de facteurs d'incertitude pouvant conduire à sous-estimer les risques. Poursuivant l'examen du dossier, on peut encore noter que le projet porte atteinte à l'intérêt des lieux et au paysage naturel patrimonial et historique remarquable du plateau du Soissonnais. En effet, ses terres agricoles sont liées aux batailles de la Première Guerre mondiale et le site de l'usine est situé à 800 mètres de la nécropole nationale de Vauxbuin et à proximité d'autres monuments.

Progressivement, d'autres motifs apparaissent devoir justifier un refus de permis de construire : le non-respect d'autres règles du plan local d'urbanisme, concernant par exemple la hauteur ou l'apparence des bâtiments ; mais aussi des irrégularités lors de la concertation préalable ; de multiples insuffisances de l'étude d'impact sur les espèces protégées, sur l'archéologie préventive, sur les zones humides, sur les raisons du choix du site pour y implanter l'usine ; une perte de biodiversité, ni évitée, ni réduite, ni compensée de façon satisfaisante…

Solennellement, le 1er mars 2021, fort de ce constat, je signe l'arrêté retranscrivant l'ensemble des motifs de refus relevés. Celui qui rappelle à la multinationale le respect du droit ; et en pratique l'empêche de poser la première pierre de l'usine. Quand j'appose ma signature, je pense avant tout aux Courmellois, aux plus modestes, à ceux qui seront le plus touchés par les nuisances si l'usine s'installe.

Xavier Stolarczyk, mon ami d'enfance, travaille en tant que technicien pour une entreprise de matériel médical, sur la zone du plateau, en face du terrain de Rockwool. Pour la pollution, il sera aux premières loges. Xavier est né ici dans une famille d'immigrés polonais. Des vestiaires du Football Club de Courmelles aux pistes des boîtes de nuit, nous avons fait les quatre cents coups ensemble. Il avait quitté le village et nos chemins s'étaient séparés, mais, il y a dix ans, il s'y est réinstallé. Pour le calme, la qualité de vie que ses parents y ont connue. Xavier a dû se battre pour obtenir un terrain et a engagé toutes ses économies pour y construire une petite maison. Il y vit avec sa femme Faroudja, qui est aide-soignante, et leurs quatre enfants, dont une fille sage-femme à l'hôpital de Soissons. Aucun d'eux ne souhaite que Rockwool s'installe. Pas question de troquer quelques emplois contre ce projet d'un autre temps. Sa fille aînée, qui se sent très concernée par le changement climatique, s'emporte facilement à ce sujet.

Il y a plusieurs lotissements à Courmelles sur lesquels des jeunes couples ou des familles ont fait construire leurs maisons. Ils ont contracté des crédits pour vingt-cinq ou trente ans et n'en ont pas remboursé la moitié. Même s'ils travaillent, avec le coût des études pour les enfants, leurs fins de mois sont justes. Eux non plus n'auront pas le choix de quitter le village. Ils devront rester et subir les nuisances.

Ce combat est partagé par ceux qui ne souhaitent pas partir de Courmelles car ils ont fait leur vie ici. Un tiers des habitants de Courmelles sont des retraités, tel Jean-Claude Storme, fervent opposant au projet. Comme beaucoup ici, il a travaillé en usine, mécanicien pour la chaudronnerie BSL, où il est entré avant son mariage. Il a connu ce fleuron industriel à sa grande époque et a vécu à Courmelles alors que le village était peuplé d'ouvriers. La vie locale était alors rythmée par les discussions dans les cafés, et la grande distribution n'avait pas encore tué les commerces de proximité. Courmelles comptait trois bouchers. Aujourd'hui, une unique boulangerie subsiste. Ce fut un choc quand il a perdu son poste au moment de la crise dans le Soissonnais, mais il a retrouvé du travail en intérim. Sa femme, elle, est restée chez BSL jusqu'à sa retraite en 1999, où, en tant que commerciale, elle a vendu « des tonnes d'inox ». L'industrie les a bien fait vivre alors Jean-Claude pourrait être nostalgique de cette époque : mais non, il est réaliste. Il assure qu'une telle usine appartient au passé. Les temps ont changé et les générations futures n'en veulent pas. Lui se bat et pousse des coups de gueule pour son petit-fils de 18 ans, qui vit à Noyant-et-Aconin, une commune limitrophe et dont le maire soutient le projet. Il est fatigué de ces responsables politiques qui n'écoutent pas le peuple.

Lorsque l'arrêté de refus de permis de construire est rendu public, la lumière est faite sur le village. Des articles dans la presse locale, mais aussi nationale relayent l'affaire et je suis interviewé par Reporterre et Mediapart. Forcément, un petit village qui résiste à une multinationale danoise, c'est rare et cela suscite la curiosité. Mais passé cette gloire éphémère, je m'attends au retour de bâton. J'ai fait un saut dans l'inconnu en m'opposant à des institutions puissantes, mais la machine administrative chargée d'enregistrer les implantations industrielles ne peut pas être enrayée impunément.

C'est le préfet Ziad Khoury qui frappe le premier. Cet énarque, nommé depuis 2019, s'était distingué pendant le confinement, lorsqu'il avait pris un arrêté pour interdire la vente d'alcool, avant, devant le tollé, de revenir sur sa mesure le soir même. Il m'avait été présenté le 30 novembre 2020 lors d'une visite de Laurent Pietraszewski, secrétaire d'État chargé de la santé au travail, sur la zone du plateau sur le thème du télétravail. Nous avons eu de très brefs échanges et il avait évoqué le projet Rockwool en des termes élogieux et j'avais bien compris qu'il y était favorable.

Nous nous rencontrons à nouveau le 5 mars 2021, seulement quatre jours après que je refuse le permis de construire. Il réunit les hauts fonctionnaires et responsables politiques locaux pour la présentation du rapport de la DREAL, qui a instruit le dossier. Cette réunion est un match à sens unique. Pendant une demi-heure, les services de l'État font un rapport élogieux sur Rockwool. Puis les représentants de l'entreprise peuvent à nouveau pendant quinze minutes expliquer leur projet. Quand les élus opposés à l'usine prennent enfin la parole, le préfet nous interrompt : « Vous avez quinze minutes, après je dois partir j'ai un rendez-vous. » Personne ne nous a réellement écoutés et j'ai perdu ma matinée.

À la sortie, un des représentants de l'État présents à la réunion me prend à partie dans le couloir, visiblement agacée par mon arrêté de refus de permis de construire. Il me reproche de ne pas avoir attendu ce rapport de la DREAL qui écarte le risque de pollution. Il balaie d'un revers de la main les alertes des médecins soissonnais. Que représentent-ils par rapport au nombre de médecins en France ? Mon interlocuteur n'accorde d'ailleurs pas plus d'importance à l'avis du commissaire enquêteur, dont le rapport lui semble creux. C'est pourtant la préfecture qui a organisé l'enquête publique, dois-je lui rétorquer. D'un ton sec, il me lance que mon arrêté n'est pas conforme et ne passera pas le contrôle de légalité, quand bien même j'ai fait appel à une avocate. Enfin, il me sermonne sur ma fonction : j'aurais un rôle pédagogique auprès des citoyens en tant que maire, je devrais les convaincre que c'est un bon projet. Droit dans les yeux, il se fait même menaçant : selon lui, je souffle sur les braises et, si la situation s'envenime, que des zadistes débarquent, il ne viendra pas me sortir de là. Je ne suis pas maire pour me faire l'apôtre de la multinationale auprès des Courmellois. Est-ce ainsi qu'il envisage sa fonction ? Pas moi. Cette vision verticale du pouvoir est l'inverse de la démocratie.

Il faut garder espoir dans le processus, car les opposants doivent encore être entendus dans deux semaines, le 23 mars 2021, par le Coderst. Cet organe, même s'il n'est que consultatif, doit également éclairer le préfet dans sa décision. Y siègent des élus, des représentants des services de l'État et des collectivités territoriales, des représentants des chambres consulaires comme la chambre de commerce et d'industrie ou la chambre d'agriculture et des personnalités de la vie civile, représentants d'associations de consommateurs, de pêche et de protection de l'environnement et au moins un médecin. Ils sont désignés, par arrêté préfectoral, pour une durée de trois ans renouvelables. Comme ses membres sont de sensibilités diverses, nous espérons y trouver un appui. Mais nous déchantons vite car cette réunion n'est qu'une triste répétition de la précédente. Alors que nous avions rendez-vous à 10 h 25, François Leroux, le maire de Ploisy, et moi-même passons devant le conseil à 12 h 15, après qu'ont été entendus Rockwool, le président du GrandSoissons et le président de la chambre de commerce et d'industrie. Nous n'avons que quelques minutes pour exposer notre opinion. J'ai encore perdu mon temps. À croire que je suis masochiste à m'acharner à y aller. Maryse Vasseur, à l'origine du manifeste des médecins, et Yannick Champain ont été interrompus sèchement dans leur argumentation, sans qu'il y ait pu avoir de questions ou de dialogue avec le conseil. Pour les opposants, c'est un simulacre.

Le Coderst se conclura par un vote favorable au projet. Mais, malgré tout, il aura été très serré : onze voix pour, neuf contre et une abstention. C'est rare, car les votes se font généralement à l'unanimité. Brigitte Fournié-Turquin, qui siège au Coderst en qualité de conseillère départementale écologiste, a assisté aux échanges houleux des délibérations. Selon elle, les services de l'État ont accusé violemment les médecins soissonnais, qualifiant leur manifeste d'ineptie et remettant en cause leurs compétences. C'est en tout cas le dossier qui aura le plus divisé, hormis le cas de la décharge d'Allemant en 2017, qui avait abouti à un vote défavorable.

Difficile de croire que les dés ne sont pas pipés. Les services de l'État, qui comptent sept voix et les chambres consulaires, votent le plus souvent comme un seul homme et, malgré la résistance de la société civile, le médecin, le pharmacien, les associations de protection de l'environnement, les pêcheurs, cela n'aura pas suffi. Il manque les voix des abstentionnistes et des absents, des politiques qui se font discrets pour ne pas froisser leur électorat.

Dans cette dernière ligne droite du processus, nos espoirs sont vite douchés. C'est sans grande surprise que le 2 avril 2021 nous apprenons par communiqué que le préfet a délivré une autorisation d'exploitation à Rockwool pour son projet d'usine de laine de roche. À l'encontre des avis du commissaire enquêteur et de la population. Il s'appuie sur l'avis favorable de la DREAL et se félicite que le projet respecte les diverses réglementations et aille même au-delà, citant divers engagements du pétitionnaire, parmi lesquels, une énième fois, l'abandon du four à coke pour une technologie novatrice de four électrique bien moins polluante. L'autorisation comporte néanmoins des prescriptions renforcées en matière d'autosurveillance des émissions atmosphériques. L'entreprise s'est en effet engagée à déployer une station de mesure et à contrôler ses émissions.

À la lecture de cet arrêté, ma colère monte. C'est un déni de démocratie de bout en bout. De l'enquête publique au Coderst, on a imposé des formalités obligatoires à l'arrivée de l'usine, engagé du temps, de l'argent, consulté la population, pour finalement s'asseoir sur ses choix. La préfecture n'en avait que faire.

C'est contre-productif et dangereux. Au moment de l'enquête publique, alors que l'opposition était forte, je n'ai pas soufflé sur les braises. J'ai misé sur l'apaisement en incitant les gens à un exercice démocratique. Et je me flatte d'avoir réussi. Les gens ont joué le jeu, ils ont cru en notre système. Ils ont pris la peine de braver les restrictions liées au Covid, le plan vigipirate, ils ont pris la peine de donner de leur temps, de se déplacer physiquement en mairie, de s'exprimer avec des contributions argumentées en pensant qu'elles allaient être prises en compte. Aujourd'hui, quelle n'est pas leur désillusion ! On piétine leurs avis et on s'attend à ce qu'ils se taisent ? Ils ne se laisseront pas faire. C'est ce que je comprends lorsque je croise les Courmellois. On me félicite, on me demande de tenir bon. Je suis devenu leur porte-voix.

Désormais mon refus de permis de construire est devenu la pierre angulaire de ce combat. Malgré l'autorisation du préfet, la multinationale ne peut pas démarrer les travaux de construction de l'usine dans notre village. Et cette déconvenue renforce la combativité des opposants. C'est à ce moment que naît la nécessité d'organiser la manifestation.

Chapitre 7

« Cher monsieur Svrcek, comment allez-vous ? » C'est un grand bonhomme à l'air jovial, derrière ses sérieuses lunettes carrées, qui me salue avec emphase à la sortie de l'hôtel où il séjourne. Nous sommes au mois d'avril 2021 et M. Bouquet[1], un cadre de Rockwool, est à Soissons pour préparer la future visite d'une délégation devant mon conseil municipal.

Une entreprise ou un particulier qui s'est vu refuser un permis de construire peut dans les deux mois déposer un recours gracieux pour demander au maire de revoir sa position. Rockwool pourrait le faire par courrier, mais, à ma demande, ils viendront en mairie exposer leurs arguments auprès de mon équipe municipale, répondre aux questions et, si possible, lever nos inquiétudes. Si le ton est séducteur, c'est que l'objectif annoncé de Rockwool est de renouer le dialogue avec Courmelles.

Il faut dire que la multinationale avait été étrangement silencieuse depuis le passage triomphant de ses représentants dans ma mairie en septembre. Mais je me doutais que cela ne durerait pas, car mon refus de permis de construire est une énorme épine dans le pied de l'industriel. S'ils doivent sortir du bois, ce n'était pas la stratégie initiale. Jusqu'à présent la multinationale danoise était lancée sur l'autoroute à pleine

1. Le nom a été modifié.

vitesse : les élus de l'agglo et l'ancien maire de Courmelles qui l'accueillaient à bras ouverts, les réunions d'information qui rassemblent peu de monde et des services de communication qui répondent aux interrogations, donnant l'illusion d'un débat. Tout se déroulait comme prévu. Arriver sans vague et sans résistance. Mais coup sur coup survient une mobilisation populaire qu'ils n'avaient pas soupçonnée, l'avis défavorable du commissaire enquêteur et mon arrêté de refus de permis de construire. Comme un dos-d'âne qui les oblige à piler.

Avec M. Bouquet, nous avions échangé lors de la réunion du Coderst et je l'avais trouvé avenant et bienveillant. C'est devenu mon contact référent dans l'entreprise. Nous voilà dans Soissons, au beau milieu du troisième confinement, et il nous est impossible de trouver un restaurant pour le soir. Je lui propose donc de venir dîner à la maison. Je n'ai pas l'habitude de faire de cérémonial. Nous commandons des pizzas, nous partageons quelques verres. Comme chaque visiteur, je lui fais goûter le Tatratea, l'alcool slovaque. Mes enfants sont là et les vannes, les histoires fusent et l'atmosphère se détend. Un repas de famille classique.

Pour autant, mon invité ne lâche pas sa casquette d'ambassadeur. Il se fait prévenant. Comme d'ici quelques mois l'entreprise fera partie des administrés de la commune, autant que cela se passe bien. Il nous explique qu'avant leur implantation à Saint-Éloy-les-Mines, leur premier site en France, en 1978, les commerçants s'étaient mobilisés pour soutenir leur venue. Mais il n'a pas compris. L'époque n'est plus la même et nous ne sommes pas dans une région sinistrée par la fermeture des mines, les citoyens ne sont plus prêts à accepter la pollution pour quelques emplois. Aujourd'hui le sens de l'histoire s'est inversé. Les échanges sont cordiaux et il alterne les « Monsieur Svrcek » et les « Arnaud ». Sur le même ton de confiance, il m'invite à arrêter de parler aux médias pour ne pas envenimer la situation. Les articles dans la presse nationale sont relayés sur les réseaux sociaux et je comprends ce qui lui fait peur. La mauvaise publicité est le talon d'Achille du géant danois.

Un peu plus tard dans la soirée, je descends à la chaufferie remettre du bois et j'ai comme la désagréable impression que l'émissaire de l'industriel a profité de mon absence pour tenter de convaincre mes enfants. Il les sonde sur l'usine et sort son ordinateur pour leur montrer des films d'entreprises. De la propagande, commente Augustin, mon fils aîné. À minuit, je le raccompagne cordialement à son hôtel et nous nous fixons rendez-vous à la mairie quelques jours plus tard. Je réalise, un peu amer, que j'ai baissé la garde, gagné par la sympathie de l'interlocuteur, mais que ce n'est pas possible dans ce combat. Toute opportunité est bonne pour la multinationale pour influencer l'adversaire. Je fais face à des professionnels dont le lobbying est le métier.

La réunion à la mairie de Courmelles a lieu un samedi matin d'avril 2021. Pour l'occasion, Rockwool a dépêché quatre représentants devant notre conseil d'une vingtaine de personnes. Les termes de la discussion sont courtois, mais nous assistons à une énième présentation au discours bien huilé, vantant le respect des réglementations, les mérites de la laine de roche, matériau naturel et recyclable. C'est lorsque Hervé Lalu, un de mes adjoints, pose la question qui nous brûle les lèvres que la discussion change de ton. Si, concrètement, nous ne revenons pas sur le permis de construire, que se passera-t-il ? Gilles Maria, un des vice-présidents de Rockwool, un de ses pontes, lui présente froidement les options.

Le ton est arrogant, un peu agacé, de celui d'hommes d'affaires pressés qui n'ont pas envie de perdre leur week-end dans un village paumé. L'entreprise a acheté le terrain et investi 150 millions d'euros, elle compte aller au bout de ce projet. Soit nous discutons en bonne intelligence et acceptons le recours gracieux, et Rockwool consent alors à revenir sur ce qu'il considère comme des détails de son projet : planter plus d'arbres, élargir l'accès pompier. Soit l'affaire se réglera devant un tribunal. La multinationale attaquera la commune. Ces derniers échanges closent la réunion et jettent un grand froid dans l'assemblée. Ce jour-là, l'effet escompté est atteint : le doute est semé et mon conseil municipal est divisé.

Beaucoup ont peur des conséquences d'un recours contentieux. Les représentants de Rockwool semblaient si sûrs d'eux que, dans leur esprit, le recours est déjà gagné. La peur s'insinue. Pour le moment, l'entreprise n'évoque pas le préjudice subi avec le retard dans l'exécution des travaux. Seraient-ils en droit de demander réparation ? À hauteur de combien ? La question tourne dans les têtes. Que peut faire une petite mairie face à une multinationale et ses armées d'avocats ? Mon premier adjoint estime le combat perdu d'avance. Certains semblent même changer d'avis quant à la dangerosité de l'usine et la relativisent désormais. Au moment où j'ai le plus besoin de soutien, certains de mes collaborateurs en viennent à douter et mon point de vue ne semble plus faire l'unanimité. Quant à moi, je juge l'espoir permis. Si Rockwool a dépêché ses têtes pensantes à Courmelles, c'est que l'enjeu est important. La partie n'est pas gagnée pour eux. J'ai la certitude que ma signature est la clé.

Rockwool montre à présent son vrai visage. Non pas celui d'une sympathique entreprise familiale, mais celui d'une multinationale armée pour défendre ses intérêts financiers. La petite entreprise est fondée en 1909 et se développe à partir de 1935, lorsque les industriels Henriksen et Kähler, à la tête d'une société d'exploitation minière, rachètent une licence américaine qui leur donne le droit de produire de la laine de roche. D'abord au Danemark, puis en Suède et en

Norvège. C'est suite aux crises pétrolières des années 1970 et à la hausse du coût de l'énergie que la nécessité d'isoler les logements devient une véritable préoccupation. La demande explose et l'entreprise, passée entre-temps dans les seules mains de la famille Kähler, gagne des marchés dans le monde entier. Aujourd'hui Rockwool possède 51 usines dans 40 pays et le groupe est le leader mondial de l'isolation en laine de roche. En 2021, son chiffre d'affaires s'élève à plus de 3 milliards d'euros. Sa filiale française, créée en 1978, qui compte l'usine de Saint-Éloy-les-Mines, a un chiffre d'affaires de 363 millions d'euros en 2019. Mondialement, la multinationale a dégagé 300 millions d'euros de bénéfices en 2021. Un business très lucratif avec des ventes en hausse de près de 20 %, portées par le marché en forte croissance de la rénovation énergétique et la reprise mondiale de la construction.

L'isolation est aujourd'hui un chantier mondial et national. Selon le ministère de la Transition écologique, le secteur du bâtiment est un des principaux responsables des émissions de gaz à effet de serre. En France, on estime qu'il représente 23 % des émissions de CO_2 et 43 % de la consommation énergétique du pays. Chiffre marquant, 7,2 millions de logements sont des passoires thermiques. C'est un des objets de la loi climat votée à l'été 2021. Le gouvernement a aussi renforcé depuis 2020 le dispositif MaPrimRénov pour aider les ménages à la rénovation énergétique, isoler les toits, les sols, les murs. L'entreprise florissante se pare d'un statut de champion climatique. L'argument clé qu'elle répète à l'envi : pendant sa durée de vie, la laine de roche permet d'économiser cent fois le carbone émis par sa production. Impressionnant. Mais trompeur : Rockwool suppose un cycle de vie de cinquante ans de ses produits, alors qu'il n'existe pas de vérité scientifique sur le sujet. En fonction des aléas que subissent les bâtiments, la laine de roche peut se dégrader plus ou moins vite. Les professionnels architectes, entrepreneurs, constatent en pratique des dégradations après 15-20 ans d'usage. Mais surtout Rockwool ne mentionne jamais le coût énergétique de leur production ni le fait qu'il existe des alternatives tout aussi efficaces parmi les isolants biosourcés, qui possèdent un bilan carbone largement inférieur.

La multinationale se targue aussi d'une forte responsabilité sociale. En 1981, six membres de la famille Kähler ont donné chacun 25 % de leurs actions pour créer la fondation Rockwool. Cette association caritative, actionnaire principal de l'entreprise avec 23 % des parts, finance des études de recherche sur le fonctionnement des systèmes de protection sociale au Danemark. Dur de trouver à redire à cette initiative. Si ce n'est que la démarche caritative ne bénéficie qu'au Danemark, pas aux pays dans lesquels la firme exporte sa pollution.

Car désormais, là où elle s'implante, la façade sociale de l'entreprise ne dupe personne. Elle doit faire face à une forte opposition de la population. En Croatie, depuis 2007 et pendant près de dix ans, Rockwool a bataillé contre le préfet local qui menaçait de faire fermer l'usine, contre la ville de Pićan, qui a porté plainte pour pollution de l'eau et de l'air et mise en danger de la santé humaine, ainsi que contre des associations. Des irrégularités dans le permis de construire ont été reconnues et ont forcé un temps l'arrêt des opérations. Mais les élus et manifestants qui se sont opposés à l'usine ont été traînés en justice et la multinationale les a fait plier. La ville a fini par céder en 2016 en signant un accord d'arrêt des poursuites judiciaires après que l'industriel s'est engagé à investir dans des infrastructures pour limiter sa pollution. De la même manière aux États-Unis, à Ranson, l'entreprise est passée par les poursuites judiciaires et la menace financière pour arriver à ses fins.

Ces interactions ne sont évidemment pas évoquées dans les vidéos promotionnelles que Rockwool a produites et fait figurer dans un nouveau site internet mis spécialement en ligne pour son arrivée à Soissons et destiné à rassurer la population.

À grand renfort de violons et plans de caméra tournés au drone, deux vidéos décrivent son implantation sur le site espagnol de Caparroso en Navarre et à Saint-Éloy-les-Mines en Auvergne. Les riverains prennent la parole et, du maire au berger qui fait paître ses moutons au pied de l'usine en passant par les enseignants, tous décrivent le partenaire local idéal. Bienvenue dans la fabrique du *greenwashing* ! Les services de communication aguerris s'activent à faire passer la laine de roche, antiécologique, pour un produit qui sauve la planète du changement climatique. Sur le site, des images de volcans et de lave en fusion laissent entendre que le processus de fabrication est équivalent à celui de la nature. Le slogan met alors en exergue les pouvoirs de la roche : ses performances thermiques, sa résistance au feu. Et si ce n'était pas suffisant, le site de Rockwool regorge de photos d'intérieurs épurés dans le style scandinave, de parquets où l'on marche pieds nus, de plaids et de thés fumants. Un monde merveilleux. L'imagerie joue à fond des préjugés sur l'identité scandinave : écolo, propre, sain. Du *danish washing* en quelque sorte.

Ce que n'évoque pas Rockwool, c'est que les fibres de laine de roche, qui ne se trouvent pas en l'état dans la nature, ne composent pas la totalité du produit final. S'y ajoutent entre 3 et 5 % d'additifs chimiques, du liant qui permet de solidifier les fibres : la résine phénolique, l'ammoniac. Ces composés toxiques qui font que le site de Saint-Éloy est classé Seveso, seuil haut. Ce qui ne sera pas le cas à Courmelles car les produits chimiques ne seront pas stockés sur place dans leur forme brute, mais livrés prêts à l'emploi.

La laine de roche est loin d'être un produit naturel et son utilisation pose des questions. En 1987, les laines minérales étaient classées par le Centre international pour la recherche sur le cancer (CIRC) en tant que cancérogènes possibles pour l'homme (groupe 2B). Mais la filière a réagi et modifié la composition des fibres afin de les rendre plus assimilables par l'organisme, plus facilement éliminées par les poumons. En conséquence, en octobre 2001, le CIRC classe les fibres de laines minérales dans le groupe 3 : cancérogénicité non évaluable. Ce qui permet aujourd'hui à Rockwool d'afficher cette comparaison fallacieuse : elles ne sont pas plus dangereuses que le thé ou le café, substances également classées dans le groupe 3.

Mais la communauté scientifique reste partagée et les tests qui ont permis cette déclassification ont été remis en question dans une étude récente. Ils n'auraient porté que sur les fibres, pas le liant chimique. Ce qui ne permet pas aujourd'hui d'écarter totalement les risques de cancers ou de maladies pulmonaires pour ceux qui manipulent de la laine de roche. D'autant que les fibres potentiellement cancérigènes produites avant les années 2000 sont encore présentes dans les milliers de bâtiments.

La Commission européenne, elle, classe les laines minérales comme « substances préoccupantes pour l'homme en raison d'effets cancérogènes possibles, mais pour lesquelles les informations disponibles ne permettent pas une évaluation satisfaisante ». Toutefois, peuvent s'exonérer de cette classification les produits testés et certifiés par un organisme mis en place par les industriels.

Enfin, s'il est un argument que les communicants de Rockwool aiment mettre en avant, c'est que la laine de roche serait recyclable à l'infini. L'entreprise, qui réutilise déjà les chutes de production de ses usines, a mis en place depuis 2012

Rockcycle, un programme de recyclage, qu'elle vante allègrement. Elle propose à ses clients, moyennant un coût avantageux, d'enlever sur les chantiers les chutes et les produits en fin de vie, s'ils sont propres. Ce qui peut concerner de rares produits comme les dalles de faux plafonds. Une bonne initiative, mais qui n'est qu'une goutte d'eau de *greenwashing* quand on regarde les chiffres. Rockwool annonce, sur le site dédié à son arrivée à Soissons, que 569 tonnes de laine de roche ont été recyclées en France en 2020, soit à peine 0,2 % des 300 000 tonnes annuelles produites à Saint-Éloy-les-Mines.

Et pour cause, la majorité de la laine de roche issue des chantiers n'est pas en état d'être recyclée. Yannick Champain, l'architecte spécialiste des biosourcés, qui travaille sur des sites de démolition le constate : la laine de roche n'a qu'une durée de vie moyenne d'une vingtaine d'années et est très dégradée quand on la récupère. Dans 99 % des cas, elle finira dans des centres d'enfouissement, bien loin de la durabilité et de la circularité promises.

Il faut pouvoir démonter ce double discours et tenter de regagner le soutien du conseil municipal. Pour cela, il me reste quelques cartes à jouer. La manifestation est décisive. Une visite de l'usine de Saint-Éloy-les-Mines devrait être planifiée. Moi-même et ceux qui m'accompagneront, nous pourrons nous faire une idée de la réalité de ce projet.

Chapitre 8

L'été arrive bientôt sur la ferme. J'en profite pour donner un coup de main à Augustin, dont la jambe commence à guérir mais qui l'handicape encore. On transpire pour désherber, repiquer des tomates, semer des haricots. Cela me fait un bien fou de passer un peu de temps avec lui, car depuis le début de ce combat, je délaisse ma famille. C'est nécessaire, mais difficile. Alors, au lendemain de la manifestation, je m'accorde une pause bien méritée.

Notre succès restera dans les annales. Nous étions 400 participants, une moyenne entre les chiffres des Renseignements généraux, des médias et des organisateurs. De mémoire de Soissonnais, c'est historique de voir autant de manifestants dans le centre-ville depuis les fermetures d'usines des années 1990-2000. Ironie de l'histoire, c'est aujourd'hui contre une ouverture d'usine que nous avons pris la rue, contre une industrie du passé.

De Courmelles, entre 60 et 70 personnes sont venues. Parmi eux, un grand nombre manifestait pour la première fois. Et ce n'étaient pas des Gilets jaunes ou des opposants à la réforme des retraites. Non, cette usine a créé de nouveaux frondeurs face à l'urgence. Pour moi, un slogan lu sur une pancarte symbolise le combat : « Nous avons dit non ! » C'est la naissance d'un nouveau mouvement social : celui d'un village qui s'élève contre les intérêts d'une multinationale et la destruction d'un territoire. C'est le cri de ceux qui se sont exprimés durant l'enquête publique et dont le choix n'a pas été respecté. C'est une graine de révolte qui va germer.

À l'heure du bilan, un regret demeure : la jeune génération n'a pas pris sa place dans le combat. Mes enfants ont fait leur part en ramenant leurs amis, mais une masse de jeunes aurait eu plus d'impact. Ce combat est pour eux, alors pourquoi n'avons-nous pas réussi à les mobiliser ? Je veux les croire concernés, mais peut-être n'avons-nous pas assez communiqué ou utilisé les bons canaux pour les tenir au courant de la manif ? Un fossé existe aussi entre la jeunesse très engagée des grandes villes et celle des périphéries.

Le 3 mai 2021, nous recevons officiellement en mairie le recours gracieux de Rockwool pour contester le refus de permis de construire. L'entreprise veut nous convaincre et, dans nos derniers échanges, la possibilité de visiter le site de Saint-Éloy-les-Mines a fait son chemin. L'idée remonte à ma campagne pour les municipales, mais la crise du Covid a compliqué le projet. Les responsables de Rockwool m'ont d'abord laissé entendre qu'ils préféreraient nous emmener visiter leur usine bien plus moderne de Caparroso, dans la région de Navarre, en Espagne, celle qu'on retrouve dans leurs films institutionnels, où des moutons viennent paître au pied des cheminées. Et apparemment l'industriel s'entend à merveille avec le maire de la ville. Mais finalement, ils changent d'avis : *exit* l'Espagne car le voyage en Auvergne semble possible. Une date est retenue, le 11 juin 2021. L'entreprise nous a concocté un programme marathon : entre les mondanités d'usage, la visite de l'usine, du lycée technique, la rencontre des élus locaux, j'imagine déjà la course. Nous n'allons pas parcourir 450 kilomètres depuis l'Aisne pour nous faire promener. Mon idée, c'est de prendre le pouls de la ville, de rencontrer les habitants en dehors du parcours fléché de l'industriel, comprendre l'impact local de l'entreprise. Cela risque d'être compliqué. D'autant qu'on propose de nous héberger à Riom, qui se trouve à 50 kilomètres de Saint-Éloy. Je trouve cela étrange, d'autant que sur Booking je repère des hébergements à 5 kilomètres de la ville. Si j'invite des gens à visiter ma ferme, je ne vais pas les loger à Laon, mais au moins à Soissons.

J'ai un plan. Nous sommes attendus sur place à 19 heures. C'est simple : il faudra arriver plus tôt dans l'après-midi, se promener dans la ville à la recherche d'informations, questionner les habitants, juger des pollutions sonores, de l'odeur, voir s'il y a des camions, où ils sont immatriculés. Faire notre propre enquête. Je dois constater si cette implantation a amené la prospérité. Avec ceux qui m'accompagnent, nous attendons peu de la visite organisée. Elle sera certainement très bien préparée, comme un remake de la présentation du projet en mairie. Les relations avec le conseil municipal se sont un peu apaisées, mais Rockwool continue de polariser. L'organisation de cette visite a d'ailleurs été complexe : beaucoup se sont désistés du fait des tensions. Nous sommes finalement six à faire le déplacement, adjoints, conseillers avec des sensibilités différentes au projet, certains plutôt favorables, d'autres non. Et comme nous sommes moins nombreux que prévu, Rockwool trouve finalement à nous loger à Montluçon, à 30 kilomètres de l'usine. Mais le plan n'a pas changé, nous irons directement à Saint-Éloy en devançant le comité d'accueil.

Le jour du départ, à 11 heures du matin, nous louons une camionnette plutôt que d'utiliser nos voitures, mais comme le loueur a oublié d'aménager la banquette arrière, nous perdons du temps. L'enchaînement des retards nous mène dans les embouteillages en arrivant près de Paris. Nous nous relayons pour conduire et il est déjà 17 h 30 quand nous arrivons à Saint-Éloy alors que nous sommes attendus à 19 heures à Montluçon. Nous avons perdu du temps pour notre visite surprise. Tant pis, nous prétexterons un retard auprès de nos hôtes.

Après avoir traversé la jolie région verdoyante des Combrailles, les deux grandes cheminées rouge et blanc crachant des fumées bleues se rapprochent à vue d'œil. Nous nous garons à l'entrée du village. Contrairement à l'implantation souhaitée à Courmelles, ici c'est l'usine, construite en bordure d'habitations, qui se trouve dans une cuvette et la ville sur ses flancs. Établies sur un ancien site minier en contrebas, ses cheminées sont d'autant plus hautes qu'elles doivent favoriser la dispersion des rejets. Les abords ne respirent pas la vie. Je remarque tout de suite des maisons qui semblent abandonnées, décrépies, aux volets clos. Le lieu donne l'impression d'avoir été fui, comme Pripyat, dix ans après Tchernobyl. Pour rien au monde je ne voudrais vivre ici. On pourrait presque se croire dans une ville fantôme, si quelques passants n'apparaissaient au coin des rues, dont beaucoup de personnes âgées. Sous une chaleur lourde et étouffante, par petits groupes, nous nous dirigeons vers eux, à la manière de journalistes venus effectuer un micro-trottoir. Les gens sont accueillants et quand nous nous présentons comme venant de Courmelles, ils savent déjà que Rockwool prévoit de s'y implanter.

J'aborde un retraité accompagné de son fils et entame la discussion. Comme beaucoup de ceux que nous questionnons, il a travaillé pour Rockwool. Il parle de ses copains d'usine, de la bonne ambiance, des bons salaires, mais passe vite sur les nuisances. D'accord, il y a un bruit de fond, des poussières et des odeurs, mais le monde n'est pas parfait. Rapidement une tendance se dessine : nous sentons les employés ou anciens employés de la multinationale peu enclins à parler. Il ne faut pas mordre la main qui vous nourrit. Ils préfèrent retracer l'histoire de Saint-Éloy. Quand Rockwool est arrivé en 1978, les mines de charbon qui faisaient vivre la région depuis la Révolution française venaient de fermer. Les ouvriers étaient désespérés de retrouver du travail. Pour eux, le groupe danois a sauvé la ville du marasme. Alors peu leur importent quelques désagréments.

Nous passons devant d'anciens commerces fermés aux rideaux jaunis, en lambeaux et continuons nos interviews. Ceux qui ne travaillent pas pour Rockwool semblent plus enclins à nous donner leur avis, et le discours sur les nuisances change. Un homme nous explique que même par 40 °C il dort les fenêtres fermées parce que l'usine pue et fait du bruit. Il y a parfois une fumée stagnante, qui empêche de voir l'autre côté de la rue. Un retraité nous confie aussi qu'il avait l'habitude de cueillir des mûres sauvages, près du lac artificiel qui alimente l'usine. Un jour il a vu les fruits recouverts d'une poussière marron, la même que les habitants retrouvent au petit matin sur leurs volets ou sur leur voiture quand l'entreprise pratique des dégazages durant la nuit. Il n'est jamais retourné aux mûres. Imaginer les champs du Soissonnais ainsi pollués, pas question !

Aux environs de 18 h 30, nous reprenons la voiture en direction de l'artère principale. Ici la ville change totalement de visage. Autour de la mairie et d'une grande école s'étend une rue animée, aux trottoirs refaits et aux lampadaires flambant neufs. De jolies maisons de village aux briques colorées arborent des façades proprettes. Les taxes payées par l'entreprise ont dû aider à la rénovation du centre. Des mines, il subsiste un musée dans le centre-ville, au pied du puits Saint-Joseph dont la structure en métal a été conservée. Les commerces sont ouverts et, comme nous sommes en plein déconfinement, les cafés et terrasses font le plein.

Nous nous attablons et commençons à discuter avec un groupe de jeunes. Sans hésiter, ils se disent ravis de la présence de Rockwool : l'un y a fait un stage, l'autre a son père qui y travaille et gagne bien sa vie. Mais lorsque nous prenons à partie le patron du café, nous voici à nouveau face à un son de cloche dissonant. Même à côté de l'usine, il n'en tire pas de bénéfices, car les travailleurs de Rockwool ne consomment pas chez lui. Pour cause, il y a déjà une cafétéria dans l'entreprise. Cela confirme mes doutes sur les savantes études, sur la consommation et les emplois induits, les retombées pour la commune. De toute façon, la majorité des salariés ne vivent pas à Saint-Éloy, mais à Montluçon ou Clermont-Ferrand, entre 30 et 50 kilomètres d'ici : ils ne font pas vivre les commerces locaux. Lui vient de Gironde et pense à y retourner, mais sa maison est invendable. D'ailleurs, depuis l'arrivée de Rockwool, Saint-Éloy a perdu un tiers de sa population, passant de 5 500 à 3 700 habitants. C'est plutôt mauvais signe. En lisant un article dans la presse locale[1], consacré à la désertion de la ville, j'apprends d'ailleurs que certains de ses habitants la surnomment « Saint-Éloy-les-Ruines ».

Sur cette petite place du centre-ville, comme nous nous sommes considérablement rapprochés de l'usine, le bruit se fait plus présent. Pas un vacarme, mais un ronronnement constant, une sorte de gros ventilateur, très gênant. À cet endroit, nous sommes pourtant à 500 mètres des cheminées, ce qui n'est pas négligeable.

Il est déjà 19 heures passées et nous avons du retard. À Montluçon, nos hôtes doivent s'impatienter, alors nous

1. « Que faire pour retenir ou attirer les jeunes à Saint-Éloy-les-Mines », Jean-Baptiste Ledys, lamontagne.fr, 21 mars 2019.

reprenons la voiture en repassant par les abords désertés du village. La route nous mène à travers un joli paysage de bocage vallonné.

À peine arrivés à l'hôtel, les responsables de Rockwool nous tombent dans les bras, s'enquièrent de savoir si nous avons fait bon voyage, comment se portent nos enfants. On prend nos bagages. Puis ils nous attendent le temps que nous prenions une douche.

À la tête de cette opération séduction, M. Bouquet, qui était venu à la maison, même si, depuis qu'il sait que j'ai participé à la manifestation, il s'est montré plus distant. Il est rejoint par plusieurs de ses collègues, des géologues et enfin Rafael Rodriguez, espagnol, un des directeurs généraux de la multinationale, chargé de la France et du sud de l'Europe, un des grands pontes. Après ces courtoisies, nous partons dîner dans un bon restaurant.

À ma table, Fabrice, mon premier adjoint Hervé, mon adjoint aux sports et aux associations, Xavier, mon copain de foot et conseiller et, face à nous, M. Bouquet et l'adversaire le plus coriace Rafael Rodriguez, commercial redoutable derrière un physique avenant et un costume élégant. Alors qu'au même moment un autre Rafael redoutable, Nadal, dispute la demi-finale de Roland-Garros contre Novak Djokovic, notre match peut commencer. Pendant plus de trois heures, c'est une bataille acharnée, un bras de fer. Toutes les thématiques du dossier y repassent et Rafael Rodriguez, excellent orateur, a réponse à tout. Il n'a aucun doute : Rockwool va arriver. Alors quand est-ce que je signe le permis de construire ? C'est la loi du plus fort et lui fait partie de l'équipe favorite. Mais je tiens bon et réponds à chaque argument. Les émissaires de l'entreprise nous bombardent de questions, cherchent à en savoir plus sur nous, notre village, notre histoire, comprendre les Courmellois. La manifestation n'est pas passée inaperçue et le PDG de Rockwool a convoqué Rafael Rodriguez à ce sujet récemment. Toute cette agitation déplaît au grand patron. Il semble évident que nous ne sommes pas du même monde. M. Bouquet fait allusion à ses appuis au ministère de l'Économie pour nous impressionner et nous décourager. Moi, je ne suis que simple paysan et il y a deux semaines j'ai célébré le baptême civil des enfants de Bébert. Ils sont venus à la mairie avec la voiture des voisins parce qu'il n'a qu'un scooter pour se déplacer. Ce sont des gens bien et fiers. C'est eux que je représente. Je le fais d'ailleurs remarquer aux représentants de Rockwool qui clament que la vie est belle à Saint-Éloy, mais que demain, tous repartent en voiture dans la région parisienne. Pas un ne vit sur place. Les fumées de l'usine n'arrivent pas jusqu'à Levallois-Perret. Nous, nous habiterons au pied.

La bienveillance amicale fait alors place à ce que je vis comme des menaces. Si l'affaire est portée en justice, Courmelles perdra et Rockwool sera en droit de demander des dommages et intérêts. Ils me mettent en garde : c'est au maire qu'on le reprochera. Donnez-moi un montant, je rétorque. 500 000 euros, un million ? De toute façon, une commune, c'est comme un État, ça ne meurt jamais. Ce n'est pas à moi que les Courmellois en voudront, mais à vous, qui en cadeau de bienvenue voulez ruiner le village.

Étonnamment, je marque des points, lorsque j'évoque l'aire de grand passage des gens du voyage. À ma grande surprise, c'est la première fois que Rafael Rodriguez en entend parler. Il semble déstabilisé. Il doit se rendre compte que c'est une faille de leur dossier, que les premiers impactés, qui vivront au pied de leur usine, sont une population discriminée. Ce n'est certainement pas bon pour l'image du groupe.

Le lendemain matin démarre une journée marathon à Rockwool City, entièrement à la gloire de l'industriel.

Première étape : la rencontre des élus locaux. À 8 heures, nous sommes reçus par le maire de Saint-Éloy-les-Mines, Anthony Palermo, un jeune socialiste de 25 ans. Comme moi, c'est son premier mandat. Il a battu sur le fil la maire en place depuis treize ans. C'est une nouvelle génération qui arrive aux commandes et, s'il ne dit pas de mal de la multinationale, il veut détacher la ville de sa dépendance à l'industriel. Et si l'arrivée de l'usine à Courmelles signifiait une future fermeture du site d'Auvergne ?

En discutant avec les habitants de Saint-Éloy, j'ai compris que cette peur était dans toutes les têtes. Le jeune maire évoque d'ailleurs d'autres pôles de développement pour sa ville, la transition numérique ou le tourisme. Cette relation ambiguë avec l'entreprise, je la comprends en rencontrant Laurent Dumas, le président de l'agglo, la communauté de communes Pays de Saint-Éloy. Il travaille en tant qu'agent de maîtrise, chez Rockwool évidemment. S'il nous assure qu'il fait la part entre son métier et son rôle d'élu, il n'a pas de griefs contre la multinationale. Tout va pour le mieux dans le meilleur des mondes. On peut pourtant lire dans un rapport de l'agglo que « les choix stratégiques de Rockwool pourraient ébranler l'économie de l'ensemble du territoire, celle-ci étant "fortement dépendante" de l'entreprise ».

En remerciement, on nous remet la médaille de la ville, des stylos, un livre d'histoire, et au pas de course, encadrés par les représentants de Rockwool, nous filons pour admirer le marché couvert flambant neuf. Nous y rencontrons le président de l'association des commerçants et l'ancienne maire, qui ne tarit pas d'éloges sur les sauveurs de la ville. Dur d'entendre un discours objectif. Nous prenons un verre, mais à 10 heures passées on nous presse de remonter dans la voiture, direction le lycée professionnel Desaix. Encore des *goodies*. C'est notre fête, décidément. Un buffet, des petits fours, des articles de maroquinerie produits sur place. On croirait une visite présidentielle. Et, pour nous recevoir, le proviseur, son adjointe, l'inspecteur d'académie et des professeurs. Je suis étonné qu'une entreprise privée arrive à mobiliser autant de monde pour une visite qui ne sert que ses intérêts. Ils nous présentent leur formation de pilote de ligne de production qui, apparemment, trouve des débouchés chez Rockwool. Dix élèves en sortent chaque année, mais seulement trois ou quatre rejoindront les 800 salariés du groupe Rockwool. C'est quand même bien maigre pour nous vendre un partenariat idéal avec un grand pourvoyeur d'emplois.

La raison de notre déplacement en Auvergne arrive en début d'après-midi. Nous allons enfin découvrir l'usine. Un peu curieux, même si nous pressentons que la visite sera le moment le plus cadré du séjour. Nous sommes un samedi et lorsque, garés dans le parking, nous descendons de voiture, nous n'entendons aucun bruit. Rien à voir avec la soufflerie de la veille. C'est pourtant une « activité normale, en pleine capacité » assurent nos hôtes. Après une présentation vidéo, nous enfilons gilets jaunes, chaussures de sécurité, masques et suivons l'itinéraire balisé. Un employé de Rockwool à l'avant, un à l'arrière du groupe, pas question de s'aventurer hors des couloirs ou de questionner les travailleurs. Nous découvrons le four électrique où sont fondues les matières premières, équivalant à celui qu'ils souhaitent installer à Courmelles. De ce processus, nous ne voyons que la salle de contrôle et ses écrans qui diffusent les images de la lave en fusion, indiquent les températures, les quantités de chaque composant. Comme devant un jeu vidéo. C'est bien joli, mais nous n'apprenons pas grand-chose. L'industriel garde le flou sur l'origine des matières premières, nous n'avons pas non plus vu les camions qui les chargent, le stockage, ni surtout le processus de fibrage, qui permet la transformation de la roche en fusion en fibres et au cours duquel le liant chimique est ajouté. Au contraire, nous sommes dirigés vers une ligne de production aseptisée, hyperautomatisée, d'où sortent sur des tapis des panneaux de laine de roche compactés prêts à être découpés, conditionnés et mis en palettes pour la distribution.

J'ai l'impression d'assister à une mise en scène : alors que nous passons par une petite salle de repos où se réunissent les travailleurs, Xavier me file un coup de coude. Sur un tableau est inscrit « Nettoyage de l'usine : visite Soissons ! ».

À la fin du tour, nous avons encore le droit à un film institutionnel, dans lequel l'industriel déroule ses arguments de communication. Ils nous resservent un de leurs éléments de langage favoris : les fibres de laine de roche ne sont pas plus dangereuses que le café. Pour autant, je n'irai pas en boire. Cela commence à être trop pour moi. Je suis resté dans mon rôle et j'ai joué le jeu de cette visite protocolaire, qui s'est transformée en opération de propagande, mais je sais que rien ne me fera changer d'avis. Cela nous permet simplement de gagner du temps. J'ai encore à l'esprit la vision désolée des faubourgs de la ville et le bruit de l'usine. Désormais, je pense aux six heures de route du retour. On ne va pas s'éterniser.

Nous remercions nos hôtes pour l'accueil, nous saluons et reprenons la camionnette. Sur le chemin du retour, nous refaisons le match : aucun doute pour moi, la prospérité promise n'est pas au rendez-vous, mais les avis restent partagés. Le travail de sape des communicants a été efficace et certains parmi mon équipe veulent se laisser convaincre. Mais comme tout le monde est crevé, nous coupons court à la discussion pour nous concentrer sur le trajet. Retour à Courmelles.

Chapitre 9

Il fait un temps épouvantable en cette fin juin 2021. Des trombes d'eau se sont déversées sur Courmelles et je suis dans les champs pour mesurer les dégâts sur mes betteraves. Comme chaque fois, m'échapper dans la nature me permet de redescendre en pression, de garder la tête froide, car, ces dernières semaines, la tension est à son comble. Très bientôt, le 3 juillet 2021, le délai pour me prononcer sur le recours gracieux de Rockwool sera écoulé. Pour l'entreprise comme pour la commune, c'est la dernière chance d'un règlement à l'amiable.

Le téléphone sonne. J'arrête le tracteur. À l'autre bout, c'est Isabelle Létrillard. Elle est conseillère départementale de l'Aisne, mais c'est surtout une amie proche. Nous nous connaissions bien avant d'entrer en politique alors qu'elle était encore prof d'anglais. Isabelle est affiliée aux Républicains, aux côtés d'Alain Crémont. Durant l'enquête publique, elle a rencontré Stop Rockwool et, convaincue, s'est prononcée publiquement contre l'usine, mais se trouve aujourd'hui en campagne pour les élections départementales avec un colistier très favorable au projet, David Bobin, maire de Vauxbuin et ancien directeur de cabinet du maire de Soissons. Une position électoraliste pour le moins compliquée et contradictoire. Lorsqu'elle m'appelle, elle est très soucieuse. Elle a passé l'après-midi à discuter de ma situation avec le sous-préfet. Elle a peur pour Courmelles.

Elle me décrit un scénario catastrophe : si Rockwool poursuit la commune en justice, elle finira criblée de dettes. Je risque de me retrouver isolé, sans le soutien de mon conseil, ni des élus locaux, et les Courmellois me presseront de questions et de reproches. Une situation invivable. Un peu pris de court et touché par son émotion, je lui réponds que je suis persuadé que ce projet n'est pas pertinent et me tiens à mes convictions. Pour autant, je ne suis pas homme à m'enfermer : avant que cette situation n'arrive, je me rendrai compte que je suis dans l'erreur, que le problème c'est moi et je démissionnerai. Pour moi, la mairie n'est pas une fonction alimentaire, je retournerai à ma ferme.

J'avais calmé en partie mes angoisses sur le dossier, mais Isabelle me fait à nouveau basculer dans le doute. L'impact est d'autant plus fort que la remise en question provient de quelqu'un qui a mon amitié et, à ce moment, les heures passées sur le dossier, la fatigue, le stress me fragilisent. Dans toute cette lutte, c'est l'accumulation de petites pressions qui m'aura usé, comme un boxeur qui finit par tomber après avoir encaissé des centaines de coups qui paraissaient sans danger. Cet appel est le coup de grâce d'une semaine riche en émotions.

Le 21 juin 2021, alors que j'ouvre la presse locale, je lis avec stupeur un communiqué de la multinationale danoise annonçant officiellement la construction d'un nouveau site à Soissons. Jusqu'à présent, cela n'avait pas été confirmé par son conseil d'administration. C'est désormais chose faite. Sans un mot sur le refus de permis de construire, qui pourtant bloque tout travaux, Rockwool annonce déjà la construction en 2022 et le début des opérations en 2024. Je suis maintenant habitué aux techniques de communication et je sais qu'il s'agit pour la multinationale de donner le change face aux difficultés rencontrées, mais pour les Soissonnais qui liront le journal rapidement, l'affaire semble actée. La pression est doublée dans la foulée par un coup de fil de Rafael Rodriguez. Maintenant que le feu vert des grands patrons est donné, il assure que leur arrivée est imminente. Je devrais donc plier sur le permis de construire ? Je coupe court à la conversation car je dois gérer un problème d'inondation sur la commune.

La décision affichée de l'industriel a aussi donné des ailes à l'agglo, qui commençait à se sentir seule à défendre un projet contesté. Ce communiqué est le coup d'envoi des hostilités, car un peu plus tard dans la même semaine, c'est Alain Crémont, maire de Soissons et président du GrandSoissons, qui vient prêcher la bonne parole. Il me prie, au nom de notre amitié, de revoir ma copie, et de soutenir le projet pour le bien de la commune. Ma réponse est invariable.

S'il cherche à me mettre en garde contre l'issue judiciaire et les dommages et intérêts que pourrait réclamer l'entreprise, c'est qu'il y a antécédent. Lorsque Rockwool s'est implanté aux États-Unis à Ranson, dans le comté de Jefferson, de nombreuses voix dissidentes dans la population se sont fait entendre. Comme ici, les associations ont mené le combat. Les avocats de la multinationale ont alors menacé l'administration locale d'un procès en dommages et intérêts à hauteur de 100 millions de dollars, en réparation du retard pris par le projet. L'idée de cette éventualité m'a fait passer de très mauvaises nuits. Ce n'est évidemment pas ce que je souhaite pour mon village.

Mais j'ai fini par me raisonner. On n'imagine pas un juge de tribunal administratif mettre une commune à terre en la criblant de millions d'euros de dette.

Dans toute cette affaire, ma relation avec le président de l'agglo a viré au rapport de force. Notre première rencontre a eu lieu en juillet 2020 à la communauté d'agglomération pour l'élection du bureau chargé de représenter les 28 communes du GrandSoissons. Fraîchement débarqué, ovni en politique, au début de mon mandat, j'en découvre le fonctionnement avec effarement. Lui est maire de Soissons depuis 2014, suite à une belle carrière, commencée dans la sidérurgie puis comme chef d'entreprise dans le secteur informatique. À l'agglo, il était vice-président en charge du développement économique et du tourisme lors de la précédente mandature. Né en 1953, il incarne pour moi les années 1980, l'époque des entrepreneurs ambitieux qui se sont ensuite lancés en politique. Un grand gaillard, doué pour la communication, qui sait séduire ses électeurs. Son parcours dans la sidérurgie, une des industries les plus polluantes au monde, n'est certainement pas étranger au peu d'inquiétude qu'il exprime sur le projet Rockwool.

Lors de l'élection de 2020, comme ils sont majoritaires, les délégués de la ville de Soissons monopolisent les sièges. Alain Crémont est élu président haut la main, tout comme sa garde rapprochée de vice-présidents. L'agglo fonctionne désormais comme le conseil municipal de Soissons, qui ne compte que très peu d'opposition. Le conseil communautaire devient une chambre d'enregistrement et les petites communes y sont soumises aux décisions de la ville centre et de son patron. Mais Courmelles n'entend pas se laisser dicter ses choix.

D'autant que notre village a l'impression d'être le dindon de la farce. Comme tout est mutualisé, sur le projet Rockwool, Soissons profitera des recettes fiscales, mais le bruit, la pollution seront majoritairement supportés par Courmelles et les communes limitrophes. Comme ce fut le cas pour l'aire de grand passage, les nuisances sont dispersées en périphérie. Et les bénéfices promis pour la commune ne seront même plus au rendez-vous. Car le 1er juillet 2021 est adopté un pacte financier et fiscal de solidarité, que je me suis abstenu de voter, en vertu duquel l'agglo touchera 50 % de la taxe d'aménagement, d'environ 450 000 euros, et de la taxe foncière sur les propriétés bâties (TFPB), estimée à 250 000 euros, si l'usine s'installe. Si mon prédécesseur à la mairie avait eu ces données dès le départ, il aurait peut-être été moins enthousiaste.

Il ne faut pas oublier l'importance des subventions accordées lors de l'implantation d'une usine. Pour attirer

Rockwool à Courmelles, l'agglo a concédé un rabais sur la vente du terrain. La multinationale a obtenu 39 hectares au prix de 16,69 euros le mètre carré, alors que des parcelles de la zone ont été vendues près du double à d'autres entreprises. Soit un manque à gagner d'environ 6 millions d'euros. Une aide qui s'accompagne d'une autre subvention directe du conseil régional des Hauts-de-France de 2 millions d'euros issus du Fonds social européen et du Fonds européen de développement régional (FEDER), mais aussi d'exonération de taxe foncière sur les propriétés bâties (TFPB) pour deux ans, ainsi que de la cotisation foncière des entreprises (CFE) et de la cotisation sur la valeur ajoutée des entreprises (CVAE) pour cinq ans. Enfin, cerise sur le gâteau, nous l'apprendrons en juin 2022, le projet bénéficiera d'une nouvelle subvention de 10,6 millions d'euros de l'État et de l'Union européenne dans le cadre du Plan « France Relance » et des dispositifs de soutien à la décarbonation de l'industrie. Un nouveau cadeau scandaleux fait à une multinationale qui fait des bénéfices records et qui a gagné plus de 300 millions d'euros en 2021. Alors que d'autres projets à vocation sociale ou écologique pourraient en profiter.

La facture ne s'arrête pas là. Il faudra compter le coût du raccordement de l'usine au réseau public d'électricité et la création d'une nouvelle ligne de 63 000 volts estimée à 3 millions d'euros. Si l'entreprise prend en charge la majorité, au moins 30 % de ce coût sera payé par RTE, le gestionnaire du Réseau de transport d'électricité français. Et, enfin, il faut encore ajouter les frais annexes du futur déménagement de l'aérodrome de Courmelles utilisé par l'association les Ailes soissonnaises, un club de pilotage amateur. À l'origine du projet Rockwool en 2008, il avait déjà été envisagé de déplacer cet aérodrome qui se trouve sur la zone du plateau, incompatible avec les cheminées de l'usine, trop hautes pour permettre les vols d'avions.

Dans le projet actuel, la hauteur des cheminées est compatible avec l'activité aérienne, mais l'agglo souhaite de toute façon pouvoir agrandir la zone d'activité et ainsi ouvrir une nouvelle tranche. Le déménagement est donc acté. Il y a fort à parier que Rockwool, qui n'occupera que 20 hectares des 39 de son terrain, puisse à l'avenir développer une seconde ligne de production avec des cheminées plus hautes permettant une plus grande dispersion. Coût estimé de ce déménagement : entre 2 et 3 millions d'euros. Si l'on additionne subventions et frais, l'implantation de l'usine coûtera au minimum 20 millions d'euros à l'État, aux collectivités territoriales et en fin de compte aux contribuables par l'intermédiaire de leurs impôts. Chacun d'entre nous finance ces projets polluants.

Alors pourquoi les élus locaux s'entêtent-ils à défendre une telle entreprise dépassée, coûteuse, polluante en ignorant l'avis des citoyens. Au nom de l'emploi ? Nous l'avons pourtant démontré, sur ce critère Rockwool n'est pas un projet intéressant. Aujourd'hui, la zone du plateau attire des entrepreneurs promettant plus d'embauche à l'hectare. Non, je ne crois pas sincères ces beaux discours sur la réindustrialisation et la nostalgie du Soissons d'avant la crise. Ce discours s'adresse à un électorat qui a connu la glorieuse époque des usines, celle de leur jeunesse, et qui rêve de la voir revenir. Pour les caricaturer à peine, ce sont ces fameux *boomers* : des gens de plus de 70 ans, qui ont profité du plein-emploi, du système social, et qui aujourd'hui veulent du sécuritaire, des emplois, mais se fichent de l'écologie alors qu'ils ont contribué à pourrir la planète. Ceux qu'on entend dire : « On a toujours eu des usines, on n'en est pas mort. On a toujours fait comme ça, pourquoi changer ? » Mais ces gens-là se déplacent pour voter alors que les plus jeunes n'y vont pas. Ce sont eux qu'il faut séduire. Ces élus ne défendent plus l'intérêt général, mais préservent leurs intérêts personnels.

L'hypocrisie est à son comble quand ces élus se lancent dans une croisade contre les éoliennes, qui disent-ils défigurent le paysage et pourrissent la vie des riverains. Les élus du Grand-Soissons, en novembre 2020, ont même demandé au préfet l'instauration d'un périmètre de sauvegarde de 20 kilomètres autour de l'agglomération pour préserver des éoliennes les paysages et le patrimoine. Et une cheminée de 47 mètres crachant de la fumée passe inaperçue ? Le président de la région n'est pas à une contradiction près lorsqu'il appelle à la Rev3, la troisième révolution industrielle, un programme pour soutenir des initiatives favorisant la transition écologique et l'économie durable et connectée. Le projet Rockwool, contrairement à ce que laisse entendre le *greenwashing* de l'entreprise, est tout sauf durable. Interpellé par Stop Rockwool sur cette question et ses contradictions dans un courrier puis une lettre ouverte, Xavier Bertrand n'a jamais répondu. Il serait temps de prendre cette question au sérieux : la région Hauts-de-France est classée bonne dernière à l'enviroscore de l'observatoire de la transition écologique des territoires sur la mandature 2016-2021. L'organisme indépendant pointe notamment le record d'épisodes de pollution de l'air à l'année.

Et enfin, ces élus qui défendent envers et contre tout le projet brillent par leur méconnaissance du dossier. Souvenons-nous d'Alain Crémont questionnant le sens des vents dominants. Xavier Bertrand vante un four électrique sans CO_2, Jean-Marie Carré, dans sa contribution à l'enquête publique, décrit la laine de roche comme matériau naturel, et tous reprennent sans recul l'argumentaire de l'industriel. La palme revenant certainement à Philippe Montaron, maire de Belleu et premier vice-président du GrandSoissons en charge de l'aménagement du territoire et des documents d'urbanisme, qui lors d'une réunion publique du Grand débat national, le 9 fevrier 2019, a déclaré qu'il n'y aura aucune pollution, que la seule échappée par la cheminée sera de la vapeur d'eau.

À leur décharge, il y a parfois une forme de sincérité dans leur aveuglement. Une des raisons de l'entêtement des responsables de l'agglo à défendre le projet Rockwool se trouve certainement dans la volonté de sauver la zone d'activité du plateau. Celle-ci a connu bien des déboires. Voulue après les grandes fermetures des industries dans les années 1990-2000, elle avait tous les atouts pour accueillir de nouvelles entreprises. Idéalement placée en bordure de la nationale 2, route sans péage qui constitue un axe vers Paris au sud et la Belgique au nord. L'agglo a eu la possibilité d'acquérir facilement 65 hectares. Tout autour ce n'étaient que champs et fermes que la société d'aménagement foncier et d'établissement rural (Safer) a pu préempter pour aménager 150 hectares d'une zone d'activité flambant neuve.

Seulement voilà, la première entreprise ne s'y installe qu'en 2008 et la zone peine à décoller. En 2014, dix ans après l'aménagement, son taux de remplissage n'est à peine que de 30 % de sa surface. Le site essuie de nombreuses critiques et les responsables de l'agglo se retranchent derrière les retards pris dans la transformation de la nationale 2 en 2 × 2 voies, incitation majeure à l'installation pour les entrepreneurs et pour laquelle ils se sont battus. Pour Jean-Marie Carré, président de l'agglo pendant douze ans, de 2008 à 2020, ou pour Florent Thévenin, directeur du développement économique, Rockwool, en achetant 40 hectares de terrain, va sauver la zone. Il y va de l'intérêt du territoire, mais également de celui de leur bilan politique. Et pourtant aujourd'hui la zone se porte très bien, intéresse les investisseurs et pourrait parfaitement se passer de la multinationale.

Cette expérience pour moi, qui découvre l'univers de la politique de l'intérieur, n'en a pas redoré le blason. Je fais le parallèle avec le football et me rends compte que, dans ces deux mondes, il n'y a plus de milieu amateur, tout y est devenu professionnel. Chaque parole est calculée, chaque acte est analysé.

Les politiciens accrochés à leurs sièges ou à leurs ambitions carriéristes ont fini par se couper de la base. Si tu n'es pas avec les gens, comment peux-tu t'octroyer le droit de décider de ce qui est bon pour eux ?

Nous en voyons l'illustration à la fin du mois de juin lorsque le préfet de l'Aisne, Ziad Khoury, quitte la région, après seulement dix-huit mois en fonction. Il est nommé à Paris coordonnateur national pour la sécurité des Jeux olympiques et paralympiques 2024. Une belle promotion ! Après avoir donné l'autorisation d'exploiter à Rockwool, il ne vivra plus sur le territoire pour en voir les conséquences. À l'inverse, quand on est élu de terrain, on est à portée de claques ou de bisous. Alors que tournent dans ma tête les menaces et les mauvais présages, je repense à un événement qui a marqué ma vie il y a cinq ans. C'est un début d'après-midi sous le hangar de ma ferme et j'attelle un outil à mon tracteur, un geste que j'ai répété des milliers de fois. Ce jour-là, sans savoir pourquoi, j'enclenche mal le frein à main du tracteur, qui recule brusquement et me coince la jambe contre l'outil. Alors qu'il y a généralement du passage dans la ferme, que ce soit ma femme, les enfants ou la femme de ménage, à cette heure précise, je suis seul.

Me voilà pris au piège comme un rat. Mon téléphone est dans le tracteur, inaccessible. La pression sur ma jambe comprimée est toujours plus forte car le terrain est en pente. Alors que ma vie défile devant mes yeux, je me mets à pleurer, me disant que ce n'est pas possible de finir comme cela. Puis une fois l'émotion passée, le cerveau recommence à fonctionner. Je cherche une solution. Il est impossible de s'extirper car la douleur est trop forte. Je réalise alors que sur les ailes du tracteur se trouvent deux interrupteurs pour relever les outils, mais un des deux est en panne. Par miracle, je suis du côté de celui qui fonctionne. En équilibre précaire et en serrant les dents pour ne pas sentir ma jambe, je parviens à l'activer et à sortir de cette emprise. Je me tire d'affaire avec un large hématome. Ma femme est rentrée le soir avec les enfants. Si je ne m'en étais pas sorti seul, on m'aurait sûrement retrouvé mort ici à l'heure du dîner. À partir de ce jour-là, je ne vois plus la vie de la même façon. J'aurais dû y passer, alors aujourd'hui qu'est-ce que je risque ? Que peut-il m'arriver de pire ? Je regarde alors ces pressions comme des futilités.

Je reçois un dernier appel du sous-préfet le 2 juillet 2021, veille de la date butoir. Il veut savoir si j'ai changé d'avis… Si ce n'est pas le cas, le recours gracieux deviendra contentieux. Je lui fais savoir que non. Le lendemain, je laisse Rockwool sans réponse. Le délai de deux mois vient de s'écouler et leur demande est implicitement rejetée. Courmelles peut respirer encore quelque temps.

Chapitre 10

Les pieds dans la boue, voici comment j'ai passé ces derniers jours. Suite aux grosses intempéries, des maisons, des salles de classe, la bibliothèque ont été inondées. Et des coulées ont envahi la salle polyvalente, qui fait office de bureau de vote. Mauvais timing, car nous sommes la veille des élections départementales. Alors il a fallu faire appel aux bonnes volontés et jusqu'au soir nous avons tout nettoyé.

Le 27 juin 2021, à l'issue du second tour, c'est le tandem des Républicains, David Bobin et Isabelle Létrillart, qui remporte les suffrages. Mais pour être honnête, je me suis désintéressé de cette élection. J'ai vécu le ralliement d'Isabelle à un pro-Rockwool comme une trahison. Quelque chose s'est cassé. Ce combat aura peut-être eu raison de notre amitié. Au lieu de cette élection, c'est une nomination qui m'occupe l'esprit. Le 28 juin 2021, le département est gratifié d'un nouveau préfet, Thomas Campeaux, en remplacement de Ziad Khoury. C'est un énarque passé par le ministère de l'Intérieur et le Conseil d'État.

À peine suis-je informé de sa nomination que je saute sur l'occasion pour lui écrire et solliciter un entretien. Je me dis qu'il sera peut-être plus sensible à notre cause que son prédécesseur. Il faut tenter le coup. Très rapidement, il répond à mon mail et me promet un rendez-vous à peine deux jours après sa prise de fonction. Il sait déjà de quel sujet je veux l'entretenir et me dit qu'il en fait une priorité, ce qui n'était jusqu'à présent pas le cas.

Comme il a à peine déballé ses cartons à la préfecture de Laon, Thomas Campeaux me reçoit à Soissons, dans le bureau et en compagnie du sous-préfet. Durant deux heures, nous refaisons toute la chronologie de l'affaire. Il est à l'écoute. Juriste de formation, il me fait entendre que mon arrêté sur le permis de construire a également été contesté par le contrôle de légalité, au motif que j'aurai dû l'assortir de prescriptions au lieu d'opposer un simple refus. La suite logique est un déféré préfectoral : il saisira le tribunal administratif.

Quand nous évoquons la situation de l'usine, en amont de la cuvette de Soissons, l'inquiétude de la population, il semble sincèrement préoccupé. Il comprend que c'est un sujet délicat et que sa gestion, très verticale jusqu'à présent, a heurté les Soissonnais. Mais mes minces espoirs ne résistent pas longtemps : le nouveau préfet me dit clairement qu'il ne reviendra pas sur la décision de son prédécesseur quant à l'autorisation d'exploiter. Il s'en tiendra aux études des services de l'État qui constatent le respect des normes par Rockwool.

Je sors de son bureau, dépité. J'ai pourtant été largement prévenu que je n'obtiendrai pas gain de cause, et notamment par Thomas Le Roux, ce brillant historien au CNRS, spécialiste de la pollution industrielle. Un allié important dans notre combat. Originaire de Soissons, où réside encore sa mère, il habite Paris, mais fait régulièrement le déplacement pour nous soutenir. Il avait d'ailleurs tenté de convaincre le préfet dans une longue lettre au moment de l'enquête publique. Pour lui, l'implantation de Rockwool illustre un mouvement politique profond : celui d'une administration toujours plus au service de l'industrie. Preuve en est, la mise en œuvre de l'ambition de réindustrialisation du pays portée par Emmanuel Macron. Soutenue par un plan d'investissement massif de

34 milliards d'euros, France 2030, elle mise sur le nucléaire, le décarboné, des usines plus vertes. Elle prône la transition écologique. Pourtant, derrière les beaux discours, la réalité est tout autre. En décembre 2020 est ainsi entrée en vigueur la loi ASAP (loi d'accélération et simplification de l'action publique). Un de ses objectifs : rendre plus rapides et plus efficaces les implantations d'industries, en allégeant les processus de consultation sur les installations d'usines potentiellement dangereuses (ICPE). À la place d'une enquête publique, il est possible d'effectuer une simple consultation en ligne, sans nommer de commissaire enquêteur. C'est d'ailleurs ce que Rockwool avait envisagé avant de s'engager à organiser une véritable enquête, face à l'insistance des élus et des riverains. Pour la création de la ligne de raccordement électrique de l'usine, la multinationale optera pour la version dématérialisée de la consultation. Évidemment, c'est une forme de participation bien moins engageante et qui exclut tous ceux qui ne maîtrisent pas les outils numériques. Je sais que, parmi les Courmellois, beaucoup de personnes âgées ne pourront pas y prendre part alors qu'elles étaient venues en mairie lors de l'enquête publique. Elles seront ignorées du processus.

Cette loi ASAP repose aussi sur les sites industriels dits « clés en main ». Aujourd'hui 127 sites, des zones d'activités, des parcs industriels, sélectionnés par l'État partout en France, sont disponibles. Ils permettent de recevoir des usines dans des délais accélérés parce qu'on y aura préalablement réalisé les études requises sur l'urbanisme, l'archéologie préventive, l'environnement. Autrement dit : on va préparer le terrain à des industriels sans connaître les détails des risques de leurs projets ? Parmi ces 127 sites : celui du parc d'activité du plateau à Courmelles, depuis juillet 2020, classification acclamée par le GrandSoissons. Certes, cela permet de rendre ces sites plus visibles et attractifs pour les investisseurs, mais le signal est clair, c'est un chèque en blanc donné aux entreprises.

A-t-on besoin de moins de contrôle alors même que, nous l'avons constaté, le préfet peut déjà aisément bafouer l'avis du commissaire enquêteur et des citoyens ? Avant même cette nouvelle loi, l'avis du public était déjà ignoré. La plupart du temps, les industriels fournissent des dossiers techniques, comme le pavé de 1 200 pages du projet Rockwool, peu lisibles par le public. Ils sont rédigés par des ingénieurs chargés de la promotion de l'entreprise, formés dans les mêmes écoles que ceux qui sont désignés pour les contrôler. Les habitants, eux, sont renvoyés à leur ignorance, à leurs craintes infondées et n'ont pas leur mot à dire. L'impression de passer pour des illuminés, des ignares, d'être pris de haut, c'est ce qu'on ressent quand on s'oppose à ce type de projet. C'est Thomas Le Roux qui nous aide à remettre les choses en perspective pour ne pas se décourager. En deux cents ans de développement industriel, bien souvent, les doutes de la population jugée inculte finissent par se vérifier. L'industrie se développe en vantant sans cesse des procédés moins polluants, mais la contamination globale du monde, elle, ne fait que se renforcer. Les émissions de gaz à effet de serre ont augmenté de plus de 80 % depuis 1970. Et à chaque période son lot de remises en cause d'industries auparavant jugées non toxiques. Les scandales de l'amiante, du glyphosate, du Téflon se succèdent inlassablement. Confier le monde d'après aux industriels n'augure rien de bon. Or nous refaisons sans cesse les mêmes erreurs. Le nouveau préfet a remplacé l'ancien, mais les institutions restent les mêmes. Les services de l'État ne raisonnent pas à partir de données locales mais nationales, comme le PIB, les taux de croissance, de chômage. Même contesté, un projet local peut être considéré comme bénéfique s'il permet d'influer sur ces chiffres. Une logique qui pousse à accepter des zones de sacrifices environnementaux. Mais notre village n'est pas de la chair à statistiques, pas une variable d'ajustement !

Cette fameuse loi ASAP accompagne un mouvement général qui, depuis plusieurs dizaines d'années, dérégule les implantations industrielles polluantes. De plus en plus de projets ne nécessitent plus d'enquête publique ou d'autorisation environnementale. Et qui dit accélération dit moins de temps pour faire recours contre ces projets pour les associations ou les riverains. De quatre ans en 1976, le délai pour s'opposer juridiquement à une installation comme celle de Rockwool est passé à un an en 2010, puis quatre mois en 2017. Et, parallèlement, les contrôles se sont aussi relâchés car les moyens sont insuffisants.

En France, il n'y a que 1 300 inspecteurs pour 1 500 usines classées Seveso et 500 000 installations classées pour la protection de l'environnement (ICPE) et le nombre d'inspections a baissé de 40 % entre 2006 et 2018, passant de 30 040 à 18 196. On préfère laisser les entreprises effectuer leurs propres contrôles car ceux des services d'inspection de l'État sont rares et mènent exceptionnellement à des sanctions. Des commissions de suivi de site (CSS), qui regroupent riverains et associations, sont normalement assurées tous les ans. Mais sur le site de Saint-Éloy, il n'y en a pas eu entre le 4 mai 2017 et le 19 septembre 2019. En 2018, il a été jugé par la DREAL que ces réunions étaient trop chronophages. Finalement, ces CSS sont simplement un moyen de canaliser les contestations en donnant l'illusion d'un contrôle. En bref, si Rockwool s'installe, nous ne pourrons compter que sur nous-mêmes pour surveiller leurs émissions.

Moins de contrôles donc, alors que le nombre d'accidents industriels a augmenté entre 2016 et 2018, passant de 827 à 1 112. L'accident de Lubrizol à Rouen le 26 septembre 2019 ne semble pas avoir servi de leçon. Pourtant, comme le nuage de Tchernobyl, ses effets ne se sont pas arrêtés à la frontière. Jusque chez nous dans l'Aisne, des particules de suie des fumées ont été retrouvées dans les champs. Et justement, cet accident a été favorisé par les assouplissements de la réglementation des ICPE. L'entreprise Lubrizol avait été autorisée par le préfet à augmenter ses capacités de production en janvier et juin 2019, sans procéder à une évaluation environnementale.

Tout cela, Karen l'a compris bien avant moi. Elle n'est pas étonnée quand je lui raconte ma rencontre avec Thomas Campeaux. Même si le nouveau préfet est de bonne volonté, la machine administrative est enclenchée. Pas de retour en arrière possible. Avec Stop Rockwool, Karen s'est pris un même mur. Quelques jours plus tôt, ils ont obtenu une audience avec un conseiller à l'industrie d'Emmanuel Macron, lors de la visite du président à Villers-Cotterêt. Ils ont eu droit aussi à une écoute attentive et aux mêmes réponses : cette usine respecte les normes et il y a une volonté présidentielle de réindustrialiser la France.

De retour dans les champs, posé dans la cabine de mon tracteur, je me questionne. Que nous reste-t-il pour nous battre contre cette usine ? Comme pour tous ceux qui ont porté ces combats avant nous, les opposants de Croatie, ceux de Ranson aux États-Unis et ceux de Knauf à Illange, la seule issue de cette affaire sera devant les tribunaux. Il faut tenir bon et s'armer juridiquement.

En attendant que l'industriel et le préfet se décident à attaquer mon arrêté de refus de permis de construire, Stop Rockwool et Sauvons Soissons préparent la riposte. Ils prévoient un recours contre la décision d'autorisation d'exploiter du préfet, grâce à l'aide précieuse d'une association d'envergure nationale, Notre affaire à tous. Cette ONG constituée de juristes s'était fait connaître avec l'initiative « L'affaire du siècle », en 2019. Elle avait attaqué et réussi à faire condamner l'État français pour inaction climatique. L'association accompagne aujourd'hui les territoires qui se battent contre des projets polluants. Ses spécialistes aideront Stop Rockwool à déposer un recours. La résistance est en marche.

Dans mes champs, les orages violents ont couché les céréales au sol. Elles sécheront plus difficilement et la qualité en pâtira. C'est encore une année difficile, et ce n'est pas près de s'arrêter. Nous sommes de nombreux agriculteurs dans la région, et les aléas et pertes dus au changement climatique ne nous feront pas lâcher. Faut-il, dans les temps difficiles qui s'annoncent, ajouter de nouveaux risques industriels à ceux qui pèsent sur nos récoltes ?

En tant que paysan, je veux aussi défendre le caractère rural de mon territoire. Ma résistance à moi, celle du monde agricole, c'est presque une tradition ici dans le Soissonnais. Déjà dans les années 1960, en pleine industrialisation massive, il y a eu une forte opposition des agriculteurs. Les grands propriétaires terriens ont fait pression sur les responsables politiques en disant : « Nous ne voulons pas que les usines débauchent notre main-d'œuvre car nous ne pourrons pas aligner nos salaires dans les fermes sur ceux des ouvriers. » Ils ont réussi à obtenir gain de cause et ces industries se sont davantage développées dans le nord de Paris.

Ici, jusqu'aux fermetures des années 1990-2000, nous avons conservé les industries locales historiques et les fleurons, la verrerie, la chaudronnerie, la cartonnerie, mais le département reste un territoire majoritairement rural, composé à 70 % d'espace de cultures. L'influence de ce monde paysan se fait encore sentir aujourd'hui. D'importantes entreprises en sont nées, comme le Crédit Agricole ou Groupama, et ont toujours pignon sur rue. Ici, la SICAE, le syndicat d'électricité, continue de fournir ses clients. Ces coopératives avaient été créées par des agriculteurs au début du XXe siècle pour électrifier les campagnes.

De cette forte présence agricole est née une industrie très puissante aujourd'hui : l'agroalimentaire. En 1955, c'est à Vic-sur-Aisne (d'où son nom) que s'est créée Vico, une coopérative de producteurs de pommes de terre. Aujourd'hui, l'entreprise, propriété d'un grand groupe allemand, Intersnack, emploie près de 500 personnes et continue de transformer la production locale en chips ou en purées. À Bucy-le-Long, en périphérie de Soissons, c'est en 1862 que s'est établie la sucrerie, une des plus anciennes industries de la région. L'Aisne est le premier producteur de betteraves de France et cette usine est un fleuron de notre filière. Elle fait aujourd'hui partie de Tereos, énorme groupe coopératif, premier sucrier français et quatrième mondial. Ces industries reposent sur la transformation des produits agricoles au pied de leur lieu de production. C'est du bon sens. À l'inverse de Rockwool qui exploite le basalte à plusieurs centaines de kilomètres de son lieu d'extraction. C'est peut-être là qu'il y a une carte à jouer : cultiver les atouts de notre territoire agricole, miser sur le local.

De plus, les modèles innovants tant dans l'agriculture que dans l'industrie existent déjà et, si on ne les soupçonnait pas, ils sont devant nos yeux. Sur la zone du plateau, là même où veut s'implanter Rockwool, se trouve Le Relais. À l'intérieur, dans un immense hangar, les employés y trient des tonnes de vêtements collectés dans des containers partout dans la région. Les chariots élévateurs les empilent, formant des tours impressionnantes. Ils seront revendus, donnés ou transformés. Cette entreprise à part, installée ici depuis vingt-cinq ans, emploie, parmi sa centaine de salariés, une majorité de personnes en situation d'exclusion, de vingt-cinq nationalités différentes.

Le lieu a une véritable vocation sociale. Quand ma compagne est arrivée de Slovaquie en parlant seulement quelques mots de français, on lui a proposé d'y travailler. Et parmi les débouchés des textiles usagés, Le Relais commercialise un isolant thermique et acoustique, une alternative à la laine de roche, appelé Métisse. Issu du recyclage du coton, composé de fibres naturelles, il ne contient pas de formaldéhyde, contrairement aux produits de Rockwool.

Un peu plus loin dans le département, s'est aussi installée en 2021, près de Laon, une toute nouvelle usine de teillage de lin, Le Lin français-Jean Decock. Le marché, qui en plus du textile compte aussi l'isolation parmi ses débouchés, est en pleine expansion. Un temps, la zone du plateau avait d'ailleurs été envisagée pour l'accueillir, mais les élus de l'agglo n'ont pas considéré le projet. Qu'attendaient-ils ?

En bref, même en matière d'isolation, des alternatives écologiques aux produits de Rockwool existent. Moins polluantes, moins énergivores, plus durables et recyclables. Pourquoi miser sur la laine de roche alors ? C'est absurde. À Noyant-et-Aconin, une commune limitrophe de Courmelles, Yannick Champain, l'architecte, vient de finir la réhabilitation de la salle communale. Il a isolé l'ensemble du bâtiment, façades et toiture avec de la paille et une ossature en peuplier. On ne peut pas faire plus local. Ces isolants biosourcés, c'est-à-dire issus de la matière organique renouvelable d'origine végétale ou animale, Yannick milite pour leur utilisation depuis près de vingt-cinq ans. Sur ses chantiers, il les emploie quasi exclusivement. À quelques rares exceptions, pour des travaux très spécialisés, il existe des alternatives écologiques aux matériaux conventionnels. Des laines animales, comme le mouton, des laines végétales, comme le bois, le lin, le chanvre, le liège, la paille de blé, la paille de riz… ou des laines issues du recyclage des textiles ou des journaux, comme la ouate de cellulose. Alors que nous vivons aujourd'hui les effets du changement climatique, des canicules à répétition, l'isolation est un véritable enjeu de notre quotidien. Allez vivre dans un studio sous les toits mal isolé par plus de 40 °C. C'est là que ces matériaux possèdent un avantage important : leur temps de déphasage thermique long. En clair, le temps durant lequel l'isolant fera barrage à la chaleur venue de l'extérieur. Entre dix et douze heures pour la ouate de cellulose ou le liège contre quatre à six heures seulement pour les laines minérales. Si longtemps isolation a rimé avec maintien de la chaleur en hiver, aujourd'hui il faut considérer le confort d'été comme essentiel, voire comme un problème de santé publique.

Avec Yannick et tous les opposants, nous plaidons pour un projet de ce type sur la zone du plateau, une usine de transformation du lin ou du chanvre par exemple. Cette réindustrialisation-là, c'est l'avenir. Aujourd'hui, les laines minérales, laine de verre et laine de roche, sont encore les reines du marché. Elles représentent 50 % des isolants utilisés, suivies par les plastiques alvéolaires, polystyrènes qui pèsent 40 % du marché. Reste une part de 10 % pour les isolants biosourcés, mais ils gagnent du terrain et connaissent une croissance exponentielle depuis cinq ans. Selon l'Association des industriels de la construction biosourcée (AICB), entre 2016 et 2020, leur production a augmenté de 87 %. Une part qui pourrait encore doubler d'ici cinq ans grâce notamment à la réglementation environnementale RE2020. Cette nouvelle réglementation, c'est l'avenir ou plutôt le présent. Entrée en vigueur en janvier 2022, elle s'applique aux constructions neuves et vise à les rendre plus respectueuses de l'environnement, moins consommatrices d'énergie, et à prendre en compte le confort d'été. Elle recommande donc fortement l'usage des biosourcés.

Bien évidemment, ces isolants ne sont pas des produits miracles, et nombre de questions se posent encore : celle de leur coût, de la technicité de leur utilisation, de la formation des artisans, et celle qui consiste à se demander si les filières sont suffisamment structurées pour assumer une production à grande échelle. Voilà pourquoi les isolants traditionnels occupent encore le terrain. Mais dans cinq ans, dix ans, vingt ans, la laine de roche sera sans doute un matériau dépassé.

Certains pensent qu'elle l'est déjà aujourd'hui. La ville de Paris a décidé de ne plus utiliser que des isolants biosourcés pour les nouveaux travaux de construction et de rénovation qu'elle engage. D'ici trois ans, il n'y aura plus de laine de roche sur aucun chantier de la capitale. Jacques Baudrier, adjoint à la maire de Paris en charge de la construction publique et du suivi des chantiers, l'assure et nous soutient. Pour l'élu engagé, la laine de roche est un produit antiécologique, et les entreprises comme Rockwool n'ont pas d'avenir si elles ne se diversifient pas en se tournant vers la production d'écomatériaux. C'est un symbole fort, car Paris est un acteur de poids, une ville qui gère un parc de 250 000 logements sociaux et compte en permanence 15 000 appartements en chantier pour de la rénovation énergétique, avec un budget d'environ 200 millions par an. Un vent de changement souffle sur le secteur.

Comment promouvoir ces alternatives pour contrer le projet Rockwool ? Nous prenons contact et irons visiter La Chanvrière, une coopérative agricole qui se trouve à côté de Troyes, dans l'Aube. Histoire de voir si ce modèle est transposable dans le Soissonnais. Si les élus ne le font pas, les citoyens prendront en charge la transition écologique.

Chapitre 11

Enfin, l'été est passé. Difficilement. Nous avons vécu des intempéries exceptionnelles. Nous sommes loin d'être les seuls, j'ai vu les images terribles des inondations en Allemagne, en Belgique et ailleurs. Les effets du changement climatique sont partout.

Dans mes champs, la pluie complique les moissons. Il y a moins de rendement et de qualité sur le blé, les betteraves sont abîmées et surtout c'est épuisant moralement. Cela devient de plus en plus dur de se lever chaque matin quand on voit l'eau couler par trombes devant sa fenêtre. Et puis ma batteuse, qui a maintenant 35 ans, m'a lâché. On ne fabrique plus de pièces de rechange, alors j'ai dû bricoler.

Le seul à avoir profité de toute cette eau, c'est mon maïs, qui se porte à merveille. Il est plus grand que moi. Heureusement que je diversifie les cultures pour m'en sortir. En ce début septembre 2021, je m'attelle à la récolte des pommes de terre. J'ai des clients à livrer aujourd'hui. Ce sont mes voisins sur l'aire de grand passage. La mission évangélique, une trentaine de caravanes, s'y est installée depuis une semaine et s'apprête à repartir pour Reims. Ils sont chrétiens et parcourent les routes au gré des événements religieux. Sur le chemin, ils travaillent, font des petits boulots, de la vente, ce n'est pas leur premier passage et nous nous connaissons bien.

Augustin, qui marche désormais sur ses deux jambes, m'aide à charger quelques sacs de patates de cinq et dix kilos dans la voiture. Elles sont grosses et magnifiques. C'est de la Ditta, une variété que je cultive depuis vingt-cinq ans. En arrivant sur le campement, je discute avec Anthony, un des pasteurs, et plusieurs membres de la communauté. Je leur parle de l'arrivée de l'usine juste derrière eux, sur le terrain. Ils lèvent un œil à peine étonné. Si tu voyais dans quelles conditions on est accueillis : au pied des décharges, des déchetteries, des usines, des lieux pollués.

C'est leur quotidien. Certains s'en indignent, mais ne savent pas ce qu'ils pourraient y faire. Rockwool ne sera qu'une marque de dédain de plus pour leur communauté. Il faut déjà voir le chemin qu'ils empruntent en caravane pour arriver à l'aire sur le plateau, une piste caillouteuse, qui n'a jamais été goudronnée. Leur sort, personne ne s'en soucie. Lors de l'enquête publique, on n'a même pas évoqué leur présence. Des citoyens de seconde zone en somme. Et pourtant, je vois tous ces gamins qui courent entre les caravanes, des personnes âgées à la santé fragile. Ce seront eux les premiers touchés.

Je décharge mes patates, nous faisons affaire et je dois filer à la mairie. Aujourd'hui, c'est une grosse journée. Le forum des associations du village a lieu toute la journée sur la place. Arrivé à mon bureau, mes secrétaires me tendent le courrier que j'ouvre fébrilement. Il y a un pli important. Ce sont les premières conclusions des avocats de Rockwool. Pendant l'été, la multinationale et la préfecture ont officiellement déposé leurs recours contre mon arrêté de refus de permis de construire devant le tribunal administratif. Et voilà que j'ai enfin accès au détail du mémoire de l'entreprise.

Je parcours la trentaine de pages, qui regorge de termes juridiques. Je relève leurs contre-arguments sur nos motifs de refus, sur les violations du PLU, sur les atteintes à la biodiversité. Et je m'arrête rapidement sur un passage : ça y est, je suis attaqué personnellement. La multinationale me met en cause : ma décision serait entachée d'illégalité en raison d'un défaut d'impartialité. Pour justifier cet argument, les avocats sont allés compiler mes déclarations dans la presse, sur Facebook même. Selon eux, j'aurais manifesté publiquement mon hostilité au projet et en serais le premier riverain, de sorte que j'aurais donc un intérêt personnel à la non-réalisation du projet.

C'est injuste et cela me fait bondir. Jamais je n'ai abusé de ma casquette de maire pour imposer mon avis. J'ai incité les Courmellois à participer à l'enquête publique, mais je ne leur ai pas dit quoi en penser. Il faudrait vraiment que je sois très puissant pour arriver à lever une population entière juste pour mes propres intérêts. Un gourou en quelque sorte. Quant au refus de permis de construire, il est exclusivement fondé sur le non-respect des règles applicables dans la demande présentée par Rockwool. On me reproche d'être riverain ? Mais c'est inexact ! Mes terres sont séparées du terrain de Rockwool par l'aire d'accueil des gens du voyage, celle-là même dont Rockwool a totalement ignoré l'existence dans son dossier. Et surtout, quel maire n'habite pas son propre village ? Au passage, me reprocher d'avoir un intérêt personnel à refuser cette usine car j'habite à côté, c'est une façon d'admettre qu'elle générera bien des nuisances. Avec le recul, je me dis que l'arrêté aurait dû être signé par mon premier adjoint. Nous nous serions épargné ces fausses accusations. Erreur de débutant.

Enfin les avocats utilisent ma participation à la manifestation pour attester de mon soi-disant parti pris. C'est justement la preuve du contraire : j'avais ostensiblement fait le choix de m'y rendre sans mon écharpe de maire et de ne pas y prendre la parole. Même si j'ai la conviction que ces arguments ne convaincront pas un juge, je suis heurté. C'est une façon de me salir, de mettre en doute mon honnêteté, mon intégrité. C'est une déclaration de guerre.

Les avocats de la commune préparent déjà leurs réponses. Il y aura ainsi un jeu d'échanges de mémoires entre les différentes parties devant le juge administratif, jusqu'à ce que celui-ci détermine une date d'audience et tranche. Les associations Sauvons Soissons et Stop Rockwool se sont aussi lancées dans la bataille juridique. Au début du mois d'août, elles ont déposé des recours contre l'autorisation d'exploiter accordée par le préfet. C'est une autre association d'importance, Picardie Nature, qui a porté le recours devant le tribunal administratif d'Amiens pour Stop Rockwool, car cette dernière n'avait pas assez d'ancienneté d'existence pour le faire.

Soutenues par les juristes de Notre affaire à tous, elles entendent dénoncer toutes les insuffisances de l'étude d'impact dans le dossier de la multinationale, qui ne répond pas aux risques sur la santé et l'environnement. Dans cette période d'encombrement de la justice, aucune date d'audience ne nous a été communiquée pour le moment. La procédure peut être très longue et une guerre d'usure s'annonce.

En attendant, le jeu de poker menteur, lui, continue. Dans son édition du mois d'août, le magazine d'information du GrandSoissons accorde un dossier de trois pages au projet Rockwool. On ne sait pas s'il a été rédigé par l'entreprise ou par les services de communication de l'agglo, mais c'est un publireportage grossier. De façon désormais classique, il reprend les éléments de langage, le *greenwashing* du groupe danois, sélectionne les infos qui l'arrangent. La publication veut donner l'impression que les jeux sont faits, que l'usine arrive. Dans le même but, l'entreprise a également contacté le pôle emploi de la ville pour lancer la phase de recrutement, voir les profils disponibles et affiner ses fiches de poste.

Au foot, c'est ce qu'il se passe face à un adversaire qui joue la montre et qui fait tourner le ballon. Mais justement, il ne faut pas se laisser endormir par l'équipe adverse, sinon on va prendre un but. Il faut occuper le terrain. Stop Rockwool y compte bien. Depuis le début de cette bataille, l'équipe s'est étoffée, elle compte dans ses rangs des membres très actifs. Il y a Nicole Gastel, femme de poigne, présidente de l'association Qualit'Aisne, qui avait gagné le combat contre la décharge du groupe Suez à Allemant. Elle a l'expérience des batailles juridiques et médiatiques et c'est une oratrice hors pair. Génebaud Gérandal, lui, est l'artiste de la bande. Designer dans la vie, il est aussi apiculteur et passionné par les arbres. Avec l'association Soissonnais en transition, il s'est battu contre l'abattage des tilleuls de Soissons et contre un exploitant de gaz de schiste. Ses talents en dessin vont vite être mis à contribution pour illustrer les tracts, qui serviront à se rappeler au bon souvenir des Soissonnais.

La date qu'il ne faudra pas manquer est la fête du Haricot, les 24, 25 et 26 septembre 2021. En termes d'affluence, c'est l'événement de l'année à Soissons. On y célèbre le haricot, spécialité régionale, qui possède toute une histoire. Différentes légendes font remonter sa culture à la guerre de Cent Ans, à la Révolution ou à un guetteur sur la cathédrale au XIXe siècle qui les faisait pousser pour tuer le temps. Autre emblème de la ville avec le vase, il a été remis au goût du jour depuis vingt ans et cultivé fièrement par les agriculteurs. C'est en tout cas l'occasion de plusieurs journées de spectacles, de concerts, des défilés de géants de carnaval. Le tout sur l'esplanade du Mail, une place qui jouxte la mairie. L'endroit parfait pour tracter. Un lieu populaire pour toucher la majorité silencieuse, la masse de ceux qui ne se sont pas informés du combat. Une quinzaine de personnes va se relayer pour distribuer les 2 500 prospectus qui ont été imprimés.

En début d'après-midi, le samedi 25 septembre 2021, par un beau soleil, c'est Thomas, de Stop Rockwool, qui se poste à l'entrée de la fête. Il a l'habitude, il a déjà tracté pendant la campagne des municipales sur les marchés. Le slogan pour attirer l'attention est tout trouvé : Rockwool, c'est la fin des haricots ! C'est amusant et accrocheur. Entre les gens qui ne s'arrêtent pas, ceux qui prennent le tract pour le jeter quelques mètres plus loin, ce n'est pas facile. Mais Thomas a la tchatche, il accoste les passants, leur montre une vidéo sur son téléphone de l'usine de Saint-Éloy-les-Mines en train de fumer. Il répond aux arguments fatalistes : « De toute façon, elle va se construire cette usine, les industriels ont le bras long. – Mais non, il faut y croire, il y a quatre procédures judiciaires en cours. »

Si les gens sont au courant du projet Rockwool, aucun n'a entendu parler des recours. Il faut informer, faire de la pédagogie et sans cesse démonter le faux argument de l'emploi, celui qui a le plus de prise sur les gens. La fin de BSL et de Wolber reste un traumatisme souvent évoqué.

Difficile de démonter les incohérences du dossier Rockwool en quelques minutes, mais les échanges fusent. À une dame qui évoque la pollution omniprésente, Thomas rétorque : justement, on peut faire mieux. Beaucoup d'oreilles sont attentives, les Soissonnais se sentent concernés, mais souvent désemparés. Et la population rencontrée exprime une impuissance et une colère face aux élites, au rouleau compresseur de l'argent. À nous de leur montrer que subir n'est pas une fatalité.

L'année 2021 s'écoule au fil de la lutte. Le groupe des opposants s'est structuré, professionnalisé presque. Désormais, nous nous retrouvons régulièrement pour de longues réunions. Il faut faire le point sur la stratégie, les futures actions qui comptent une grande réunion d'information et une future manif, le financement des recours qui se fait grâce à des donations, les contacts avec la presse et les soutiens politiques. Il faut continuer à solliciter les médecins pour qu'ils signent le manifeste.

C'est un succès, car d'une trentaine de noms à sa création, ce sont aujourd'hui plus de 85 professionnels de santé qui disent leur refus. Et pour que le combat ne sombre pas dans l'oubli, il faut encore et toujours être présent dans l'espace public. Nous allons planter de grandes banderoles dénonçant le projet dans les champs d'agriculteurs amis, ceux dont les terrains sont visibles depuis la nationale 2. Elle est empruntée par 18 000 véhicules chaque jour, alors cela aura un impact fort. Génebaud a dessiné de petits personnages, qui deviennent vite l'emblème de ce combat : des sympathiques haricots soissonnais qui vomissent ou meurent sous les fumées de l'industriel. D'autres se révoltent et crient leur colère. Imprimés sur des autocollants, ils seront distribués ou vendus pour financer les actions. Nous voulons les voir partout dans la ville, rendre ce combat viral. Cette équipe est impressionnante car chacun y apporte ses compétences, son réseau, ses connaissances techniques. Il y a des juristes, des médecins, des spécialistes de la communication, de la lutte environnementale, de la question de l'isolation. C'est aussi la beauté et la magie de ce combat, la diversité des profils, des âges, des milieux sociaux.

Qui m'aurait dit que je verrais réunis dans une même pièce Karen Marchetti, assistante sociale, François Leroux, ancien président du conseil de surveillance de Tereos, Yannick Champain, à la tête d'un cabinet d'architecture durable, Ludovic Castillo, chef d'entreprise, Thomas Wozniak, éducateur spécialisé… tous à l'unisson, investis dans un but commun. C'est une aventure humaine qui nous mobilise tous depuis près de deux ans et chacun y donne beaucoup, de son temps, de ses heures de sommeil.

Mais aujourd'hui, nous ne sommes pas une poignée de rêveurs qu'on écarte d'un revers de main, nous sommes un groupe de citoyens informés, organisés et affûtés. Nous n'émettons pas seulement des critiques à l'encontre des élus et de la multinationale, nous voulons un changement de paradigme, proposer des alternatives pour le territoire. Le chanvre pourrait être l'une d'elles. L'idée avait mûri en réunion, et Nicole Gastel s'est chargée d'organiser une visite de La Chanvrière, près de Troyes, dans l'Aube, une coopérative agricole qui transforme cette plante en isolant biosourcé notamment. Nous voulons voir si nous pouvons suivre cet exemple dans le Soissonnais.

Au lieu d'artificialiser les sols pour la laine de roche, pourquoi ne pas développer une production locale de chanvre ? Je ne sais pas si je me lancerais moi-même dans l'aventure, mais l'idée m'intéresse. Le 10 mars 2022, accompagné d'autres agriculteurs et du collectif des opposants, nous prenons la voiture de bon matin en direction de Saint-Lyé à côté de Troyes, à 140 kilomètres de Courmelles, un peu comme nous étions partis pour Saint-Éloy-les-Mines quelques mois plus tôt. Sur une parcelle d'une dizaine d'hectares, semblable à celles de la zone du plateau, pas de cheminées, pas de produits chimiques, pas de rejets, mais des chariots élévateurs qui s'affairent à transporter les bottes de chanvre de la zone de stockage vers une ligne de production automatisée qui les trie et les compacte.

Les représentants de La Chanvrière nous l'expliquent, près de 90 % de la plante peuvent être utilisés et transformés, des graines aux fibres de la paille en passant par la chènevotte, la partie centrale de la tige. Et les applications sont multiples :

papier, textile, litières, huile pour l'alimentation ou la cosmétique, fibres pour l'industrie automobile ou le bâtiment, comme le béton de chanvre ou l'isolant. La plupart de ces produits ne sont pas transformés sur place, mais par d'autres entreprises auxquelles La Chanvrière vend des fibres.

Créée en 1973, elle emploie aujourd'hui 48 personnes sur son site et fait vivre 650 producteurs dans un rayon de 130 kilomètres. Ces agriculteurs, sous contrat, lui livrent la matière première. La capacité de transformation de l'usine est passée en 2020 à 100 000 tonnes par an. Une augmentation qui a été constante, car la demande de ce marché est exponentielle.

Même si nous l'avons oublié, le chanvre fait partie de notre histoire. La France était le premier producteur mondial de chanvre et exploitait plus de 200 000 hectares avant la Première Guerre mondiale. C'est dans l'entre-deux-guerres que la production a chuté quand les États-Unis, face à la concurrence qu'elle représentait pour le coton et le nylon, lui ont imposé une lourde taxe. Aujourd'hui, la France ne possède *que* 20 000 hectares cultivés, mais reste le premier producteur d'Europe. À l'inverse de l'usine Rockwool, j'ai vu là un projet d'avenir. Accueillir une telle entreprise sur le plateau serait un signal, un appel à d'autres initiatives vertueuses, tandis que Rockwool porte le message inverse : une porte ouverte à plus d'industries polluantes.

À la sortie de cette visite, je suis enthousiaste. Le chanvre est une carte à jouer pour les agriculteurs de la région. Si changer de culture est un risque dans une période d'incertitude climatique, cela viendrait certainement à point nommé dans le Soissonnais, où la filière de la betterave sucrière est devenue moribonde. Quand j'ai démarré, nous étions les rois du pétrole, le marché européen du sucre était très protégé avec des prix garantis et stables. Cette culture était très rémunératrice. Elle m'assurait 40 % de mes revenus. Mais depuis 2017 le marché est libéralisé et, face à la concurrence mondiale, le cours de la betterave sucrière s'est effondré. Si je ne veux pas travailler à perte, il faudra que j'arrête.

De plus, la betterave est un produit antiagronomique. Quand on la récolte à l'automne, on abîme la structure des sols. Elle nécessite beaucoup d'engrais et de pesticides. Et, depuis 2020, suite à une épidémie de jaunisse, l'État a autorisé à nouveau, par dérogation, l'utilisation des néonicotinoïdes, les fameux tueurs d'abeilles, et mis en place un fonds de calamité. Cela coûte cher à la collectivité et c'est un non-sens écologique. Il faudrait que je sorte de la betterave, mais je ne peux pas faire de la monoculture de céréales car cela crée des phénomènes de résistance aux traitements et diminue les rendements. De plus, les engins lourds compactent les sols et créent des phénomènes d'érosion et de ruissellement. Entre chaque cycle de production, il faut ce qu'on appelle une tête d'assolement, une culture de rotation pour refertiliser les sols. Le chanvre serait parfait pour cela. Il a l'avantage de consommer peu d'eau, de ne nécessiter aucun apport chimique, ni engrais ni pesticide. C'est une plante qui fait de grandes racines, améliore la structure des sols et recrée une vie microbienne. Le chanvre permettrait une transition efficace vers plus de durabilité.

Les questions sur mon métier, je m'en suis toujours posé et, tout comme l'industrie lourde du passé, je me suis rendu compte que le modèle agricole productiviste menait à l'impasse. Depuis que j'ai démarré en 1988, on m'a toujours dit qu'il fallait avoir plus de terres. Je suis parti avec pas grand-chose et j'ai agrandi mon exploitation petit à petit, mais ce n'était jamais suffisant. Quand j'ai eu 50 hectares, on m'a dit : c'est bien, mais il t'en faudrait 50 de plus pour pouvoir payer un salarié. Puis arrivé à 100 : finalement, c'est seulement avec 200 hectares que tu seras tranquille. Je n'avais déjà pas remboursé mes premiers emprunts que j'ai compris que j'allais me lancer dans une spirale infernale : toujours plus de terrain, toujours plus de dettes et toujours obligé de travailler plus pour rembourser. Alors j'en suis resté là. Cent hectares, c'est dans la moyenne des exploitations nationales, mais c'est une petite structure par rapport aux céréaliers de la région qui tournent autour de 500 hectares et plus. Je cultive seul, sans employé, et comme je suis solitaire, cela me convient bien. Les champs, c'est propice à la méditation.

Je me souviens que dans les années 1980-1990 des agriculteurs avaient créé le Club des 100 quintaux, ceux dont les parcelles produisaient plus de 100 quintaux de moyenne à l'hectare. Une forme de vantardise pour dire « nous sommes des caïds, nous possédons de bonnes terres », et qui pousse à la surenchère. La suite logique, c'était d'arriver à produire 110 quintaux et pour cela d'utiliser toujours plus de produits. Mais cela ne peut plus fonctionner aujourd'hui. D'autant qu'avec le changement climatique chaque année nous perdons des quintaux de rendement.

Je ne crache pas dans la soupe qui m'a nourri, mais ce modèle productiviste n'est plus valide. Et d'ailleurs la nouvelle génération l'a bien compris. Mon fils Augsutin, lui, a donc choisi le maraîchage, il m'a vu m'épuiser dans les champs et ne veut pas de cet avenir. Il va vers une production locale, à petite échelle. Et je le soutiens : ce serait criminel de ma part de le pousser dans une autre voie.

Alors le chanvre, pour demain ? Pourquoi pas. Je pourrais envisager de diversifier ma production et de me lancer dans cette culture, mais je ne pourrai pas le faire seul : il faut des cultivateurs motivés, des industriels pour les débouchés et une véritable volonté politique de structurer une filière. Tout cela, c'est beaucoup de temps et d'énergie. Je ne suis pas certain d'en avoir autant. Il faut prendre un bâton de pèlerin et convaincre les agriculteurs, les décideurs. Le jeu en vaut la chandelle, nous pourrions avoir dix ans d'avance, alors que le projet Rockwool c'est cinquante ans de retard.

Sur le front des associations, d'autres actions se succèdent. Le lendemain de la visite, le 11 mars 2022, est organisée une grande réunion d'information à la salle communale de Courmelles. Un nouveau succès. Devant une centaine de personnes, tous les opposants à ce projet, Stop Rockwool, Stop Knauf Illange, Jacques Baudrier, l'adjoint à la mairie de Paris, prennent la parole pendant près de deux heures et démontent le projet Rockwool minutieusement, point par point. Nous multiplions également ce genre de réunions dans les villages alentour pour obtenir leur soutien. Une stratégie efficace, car de nouvelles communes comme Buzancy, Bonnesvalyn, Hartennes-et-Taux font voter des motions d'opposition au projet par leurs conseils municipaux et rejoignent Courmelles, Ploisy, Berzy-le-Sec, Chaudun et Saconin-et-Breuil. La prise de parole de municipalités, d'élus a une portée symbolique forte. La révolte gagne d'autres petits villages du département.

Et nous avons alors désormais les yeux rivés vers une date particulière : le 21 mai 2022. Un an après la manifestation à Soissons, l'objectif est l'organisation d'un deuxième rassemblement, à Courmelles cette fois. Après le succès de la manif, il n'est pas possible de faire moins bien. Mais, pour rassembler largement, nous voulons que l'événement soit festif. Nous l'avons intitulé « Sa fête à Rockwool ». Il y aura une grande marche, mais aussi des concerts, divers stands de restauration, avec de la documentation, des prises de parole sous forme théâtrale. L'affiche dessinée par Génebaud est un haricot, guitare en main, qui détruit la cheminée de l'usine d'un coup de pied rageur. Histoire de rappeler que nous jouons à domicile, que la colère est encore intacte et que nous ne nous laisserons toujours pas faire. Le rendez-vous est à 14 h 30, mais dès le matin les associations sont sur le pont pour monter la scène, les stands, flécher le parcours, décorer. Tous s'étonnent de l'évolution du groupe et de sa force de frappe. Alors que la première manif avait été organisée par la petite poignée des fondateurs de Stop Rockwool, c'est aujourd'hui une vingtaine de bénévoles qui s'agitent sur l'esplanade.

De mon côté, je dois poser les arrêtés de circulation informant les Courmellois un peu partout dans le village. Je suis moins stressé et sous pression qu'à la veille du premier rassemblement, car les cartes sont désormais entre les mains du juge, mais ma situation est inconfortable. Comme mon impartialité est remise en cause par la multinationale, que le jugement n'a pas eu lieu, l'avocate me déconseille de prendre part au rassemblement. La procédure judiciaire aura-t-elle pour effet de me réduire au silence ? Ce n'est pas possible pourtant, je suis maire et c'est un événement majeur sur ma commune. Il est alors entendu que je prononcerai un simple discours d'accueil, ne faisant pas référence à l'affaire en cours. Puis je me ferai discret. La solution ne me convient qu'à moitié : je ne sais pas faire du consensuel, du politiquement correct. Je tourne et retourne les mots du discours, mais tout me semble fade.

À l'heure du rassemblement, c'est une foule dense, diverse, chantante, dansante qui parcourt Courmelles et traverse la Crise, notre rivière – ça ne s'invente pas –, plus nombreuse qu'à la première manif, c'est certain, et plus jeune aussi. Le pari est gagné ! Les Courmellois sont présents en nombre, et beaucoup de visages me sont inconnus. Des militants sont venus d'autres régions soutenir la lutte. Le député, les maires, les adjoints arborent fièrement leurs banderoles tricolores.

Quand je monte sur scène, je les vois tous face à moi. Cela en impose. Cette foule qui a rejoint la lutte de notre petit village, en a fait sa lutte. J'entame la lecture de mon texte. J'explique que mes fonctions m'empêchent d'évoquer le sujet Rockwool et je salue une manifestation unique par son ampleur à Courmelles. Je ne suis pas à l'aise, mes mots sonnent creux alors que j'aimerais pouvoir improviser, profiter du moment. Ma voix s'étrangle et mes yeux commencent à rougir. Me reviennent en flash deux ans de combat difficile, les pressions, les doutes, le stress, mais aussi la force que me donne le collectif. Je voudrais leur dire que je les aime, les remercier pour leur soutien et leur donner du courage dans la lutte. Mais je ne peux pas. Je conclus mon discours d'un « bienvenue » chaleureux, seule marque d'émotion que je suis autorisé à montrer. Je descends de scène sous les applaudissements et les vivats. À les entendre, je sais que la lutte ne fait que commencer.

Septembre 2022. Cet été, l'affaire Rockwool et mes obligations de maire m'ont laissé un peu de répit. Je n'ai pas quitté la ferme pour autant car ma compagne vient de démarrer un nouvel emploi et ne peut pas encore prendre de congés. Alors, comme on dit chez nous, on est partis en vacances à Gardincourt : un peu dans le jardin, un peu dans la cour. De toute façon, j'avais largement de quoi faire dans les champs. Cette année a encore été exceptionnelle. Aux intempéries de l'année précédente ont succédé les canicules et la sécheresse. Mes récoltes et celles d'Augustin en ont pâti. Le village, comme une grande partie de la France, a subi des mesures de restrictions d'eau. La guerre en Ukraine fait toujours rage et une crise énergétique se profile. Alors que nous le clamons depuis plus de deux ans, le projet Rockwool, avec ses besoins en eau et en énergie faramineux, paraît aujourd'hui encore plus insensé qu'hier : parfaitement anachronique.

À l'heure où je termine ce récit, l'affaire Rockwool est toujours en cours. Les juges n'ont pas encore tranché sur la légalité de mon arrêté de refus de permis de construire, ni sur le recours des associations contre l'autorisation d'exploiter du préfet. Ces jours-ci, la consultation publique sur le raccordement électrique du terrain de la multinationale nous occupe.

Nous avons découvert, entre autres, que le tracé de ce chantier, qui menace d'éventrer le village, passait au milieu du site de la bataille de la Crise, où sont morts plus de 900 soldats en 1918.

Des contestations se sont fait entendre dans les contributions adressées au préfet. Les travaux sur la ligne sont une nouvelle équation dans ce qui ressemble à une partie d'échecs géante menée sur plusieurs tableaux. Tellement de combinaisons sont possibles que nous ne pouvons imaginer qui, du village ou de la multinationale, gagnera la partie.

En faisant le bilan de ces deux ans au cœur du rouleau compresseur qu'est l'installation d'une usine, j'en suis persuadé, en tant qu'élu, beaucoup des conflits qu'elle a engendrés auraient pu être désamorcés dès le départ. Par le dialogue et l'écoute. C'est la volonté politique unilatérale d'imposer ce projet qui a créé cette colère. Le cynisme et le mépris des élites sont un catalyseur. Nombre de Courmellois se sont sentis inaudibles : jamais personne ne les a écoutés. Ce mot de Coluche se vérifie : « La dictature c'est "ferme ta gueule", mais la démocratie, c'est "cause toujours". »

La situation est symptomatique d'une crise de confiance institutionnelle qui a placé, dans le village, le Rassemblement national en tête des urnes. Ce parti se nourrit du ressentiment. Or, la fracture entre la France et ses élites devient chaque jour de plus en plus difficile à réparer. Ce projet aurait pu être discuté avec les Courmellois, des alternatives proposées. Nous avons exploré des pistes, comme la culture locale du lin ou du chanvre, nous avons proposé à l'industriel de diversifier sa gamme d'isolants avec des produits biosourcés, mais avons essuyé un refus net. L'ultime recours aurait été de trouver un autre terrain à Rockwool ; il existe des milliers de friches industrielles en France. Même si cette solution n'aurait été qu'une façon de déplacer le problème, car à mon sens ce projet n'est viable ni ici, ni ailleurs.

Dans le Soissonnais, devant le manque d'initiative des élus, ce sont les citoyens qui se sont organisés, qui portent l'espoir de la transition écologique et cherchent à la mettre en œuvre. C'est la leçon de cette histoire pour moi : la base doit faire bouger les choses. Et c'est une leçon pleine d'optimisme.

Il nous appartient de prendre notre destin en main. Le changement passera par de nouvelles formes de démocraties locales participatives. L'espoir est dans cet attelage improbable que nous avons réussi à mener, entre gens qui n'avaient à priori rien pour se rencontrer et qui ont fait front commun contre la multinationale : des ouvriers, des agriculteurs, des propriétaires terriens, des entrepreneurs, des travailleurs sociaux, etc.

Cela a fonctionné car nous avons dialogué, mis de côté nos différences et les clivages qui auraient pu se créer. Nous avons réussi à faire un grand pied de nez à la division qui règne au quotidien. Les jeunes contre les vieux, les paysans contre les fonctionnaires, les pauvres contre les riches…. La prise de conscience écologique dépasse ces oppositions stériles.

J'ai également beaucoup appris de ma fonction d'élu. À mon sens, nous devons jouer un rôle d'éclaireurs, de porte-parole, ne pas dicter nos opinions.

Je me perçois comme un employé de mes 1 870 administrés. J'ai des comptes à leur rendre. Car si la majorité me soutient, je ne fais pas toujours l'unanimité. Le fait d'avoir été élu ne m'attribue ni le pouvoir absolu, ni le savoir absolu. J'ai traversé beaucoup de phases de doutes dans ce dossier et j'ai dû me tourner vers les gens, mes proches, les Courmellois, pour obtenir des conseils, avoir des avis différents.

L'humilité et la remise en question doivent être permanentes. Cela, je le tiens de mon métier d'agriculteur : chaque saison, chaque récolte, il faut tirer des leçons de ses réussites et de ses échecs. Pourquoi telle culture a fonctionné plutôt qu'une autre, faut-il aujourd'hui miser sur le chanvre, développer mes exploitations de pommes de terre, faire plus de jachère sur mes terrains ? Ces questions, je me les pose quotidiennement.

Le combat contre Rockwool continue, mais la lutte permanente est fatigante. Pas seulement pour moi. Je vois quotidiennement l'exaspération des gens, leur défaitisme et je les comprends. En allumant la radio, le matin, pour entendre parler de crise économique, de crise climatique, de crise énergétique… il faut une volonté à toute épreuve pour se lever et résister. L'espoir nous vient de ceux qui se battent.

Je repense à cette rencontre lors de l'enquête publique. S'est présenté en mairie un homme de 90 ans, avançant doucement, appuyé sur sa canne. Il m'a demandé mon nom et m'a lancé : « Gamin, je crois que j'ai connu ton grand-père. » Il m'a raconté ensuite qu'il travaillait dans une usine qui utilisait de l'amiante. « Je suis le seul survivant parmi mes copains. » Puis : « Témoigner du danger de ces industries est mon devoir. » Cette rencontre m'a inspiré beaucoup d'admiration et donné du courage.

Mon grand-père maternel était instituteur et secrétaire de mairie. Il a été arrêté et déporté à Buchenwald, dénoncé pour avoir refusé d'afficher le portrait de Pétain dans l'hôtel de ville. On a ensuite découvert qu'il cachait des armes pour la Résistance. Il est mort à son retour de déportation et des suites de celle-ci.

Si je ne l'ai pas connu, on m'a raconté son histoire et elle fait partie de moi. C'est ce modèle que je veux renvoyer à mes enfants, comme celui de ce vieil homme qui a refusé de rester silencieux. Mon devoir de père, ce n'est pas seulement de nourrir mes enfants, de les loger, ou de les envoyer à l'école. C'est de faire en sorte qu'ils deviennent des adultes avec des valeurs et qu'ils aient envie de les perpétuer. Et enfin qu'ils sachent que peu importe la taille de l'adversaire, les seuls combats perdus d'avance sont ceux qu'on ne mène pas.

À la mémoire de Guy Vignard, président de l'association Stop Knauf Illange

Arnaud Svrcek :
Je remercie Clothilde, Adèle, Augustin, Hector et Valère, mes enfants, toujours de bon conseil et à mes côtés. Et tous ces citoyens du monde, anonymes ou connus, qui ont décidé d'agir pour l'intérêt général.

David Breger :
Je remercie Arnaud et toutes celles et ceux qui se reconnaîtront au fil de ces pages de m'avoir accueilli et fait confiance pour mettre en mots leur courageux combat. Merci aussi, pour leur accompagnement dans ces longs mois de reportage et d'écriture, à notre éditrice Salomé, à mes collègues du collectif Youpress, à ma famille. Merci enfin et surtout à Elena, pour son soutien sans faille tout au long de cette aventure.

RÉALISATION : NORD COMPO À VILLENEUVE-D'ASCQ
IMPRESSION : CPI FRANCE
DÉPÔT LÉGAL : NOVEMBRE 2022. N° 150491 (170895)
Imprimé en France